신문이 보이고 ㉓
뉴스가 들리는
재미있는

의식주 이야기

신문이 보이고 뉴스가 들리는 ㉓
재미있는 **의식주 이야기**

개정판 1쇄 발행 | 2013년 12월 2일
개정판 8쇄 발행 | 2021년 6월 9일

지 은 이 | 김현숙
그 린 이 | 조봉현 김창희

펴 낸 곳 | (주)가나문화콘텐츠
펴 낸 이 | 김남전
편 집 장 | 유다형
편 집 | 이보라
외 주 편 집 | 아우라
디 자 인 | 정란
외주 디자인 | 디자인아이
마 케 팅 | 정상원 한웅 정용민 김건우
관 리 | 임종열 김하은

출 판 등 록 | 2002년 2월 15일 제10-2308호
주 소 | 경기도 고양시 덕양구 호원길 3-2
전 화 | 02-717-5494(편집부) 02-332-7755(관리부)
팩 스 | 02-324-9944
홈 페 이 지 | ganapub.com
이 메 일 | ganapub@naver.com

ISBN 978-89-5736-582-3 (74380)

*책값은 뒤표지에 표시되어 있습니다.
*이 책의 내용을 재사용하려면 반드시 저작권자와 (주)가나문화콘텐츠 양측의 동의를 얻어야 합니다.
*잘못된 책은 구입하신 서점에서 바꾸어 드립니다.

*'가나출판사'는 (주)가나문화콘텐츠의 출판 브랜드입니다.

이 도서의 국립중앙도서관 출판시도서목록(CIP)은 서지정보유통지원시스템 홈페이지(http://seoji.nl.go.kr)와
국가자료공동목록시스템(http://www.nl.go.kr/kolisnet)에서 이용하실 수 있습니다.(CIP제어번호: CIP2013020060)

- 제조자명 : (주)가나문화콘텐츠
- 주소 및 전화번호 : 경기도 고양시 덕양구 호원길 3-2 / 02-717-5494
- 인쇄일 : 2021년 6월 3일
- 제조국명 : 대한민국
- 사용연령 : 4세 이상 어린이 제품

신문이 보이고 뉴스가 들리는 재미있는 의식주 이야기

23

글 김현숙 | 그림 조봉현 · 김창희
추천 전경수(서울대학교 인류학과 교수)

가나출판사

| 머 리 말 |

의식주는 문화의 뿌리!

"여러분은 옷을 입나요? 여러분은 음식을 먹나요? 여러분에겐 집이 있나요?"

여러분에게 물어보면 여러분은 당연하듯 대답할 거예요.

"옷을 안 입는 사람도 있나요? 먹지 않고 살 수 있는 사람도 있나요? 집 없이 어떻게 사나요?"

여러분의 대답처럼 사람이라면 누구나 옷을 입고 음식을 먹고 집에서 살아요. 의식주는 사람에게 너무나도 기본적인 것이지요.

이 책은 여러분의 생활에 가장 기본이 되는 '의식주'에 관한 이야기예요.

인류의 역사는 어쩌면 의식주의 역사라고 해도 크게 틀린 말이 아닐 거예요. 아주 오랜 옛날, 사람들이 채집하고 사냥하며 살던 때에 의식주는 생활의 전부였어요. 부단히 의식주를 해결하려고 살았어요. 의식주를 해결하려고 자연과 싸웠고, 다른 부족과 전쟁을 일으키기도 했지요.

기술이 발달하면서 의식주가 풍족해졌어도 예외는 아니에요. 의식주는 사람들의 생활에 있어서 꼭 필요한 거지요. 그건 먼 미래에도 변함이 없을 거예요.

　요즈음에는 옛날처럼 의식주가 생활의 전부는 아니에요. 시대가 바뀌면서 살아남기 위한 의식주에서 즐기기 위한 의식주로 많이 바뀌었어요. 옷감과 장신구가 발달하면서 아름다운 옷을 추구하고, 여러 가지 요리법이 발달하면서 음식의 맛이 풍요로워지고, 집 짓는 기술이 발달하면서 집의 기능이 늘어났지요.

　세상에 사는 200여 나라 70억 명의 사람들에게도 의식주는 똑같이 중요해요. 나라나 민족에 따라 생활하는 모습이 다를 뿐이지요. 나라마다 특별하고 자랑스럽게 여기는 문화가 있어요. 의식주는 예부터 이어져 온 전통 문화의 뿌리와 같은 거지요.

　세계화의 바람이 불면서 세계가 하나의 지구촌이 되어 가고 있어요. 세계 사람들의 생활과 문화도 서로 비슷해지고 있지요. 세계화의 바람에도 문화의 뿌리, 의식주는 크게 흔들림 없이 서 있어요. 모두들 오랜 역사와 전통에서 나온 자신의 '의식주'를 소중하고 자랑스럽게 여기기 때문이지요.

김현숙

| 추 천 의 글 |

나와 지구촌 사람들의 사는 모습을 통해
어울려 사는 법을 배워요

여러분은 자신의 모습이 궁금하면 어떻게 하나요? 거울에 비추어 보지요. 그렇다면 거울이 없을 때는요? 옆에 있는 친구에게, "나 어때?" 혹은 "내 얼굴에 뭐가 묻었어?" 하고 묻지 않나요?

인간은 거울 같은 물체에 비추지 않고는 자신의 모습을 볼 수 없어요. 하지만 내가 보지 못하는 나의 모습은 다른 사람이 대신 볼 수 있지요. 이렇게 인간은 '나'와 '너'가 어우러져서 살아야 생존할 수 있어요. 그래서 우리는 우리를 '人間(사람 인, 사이 간)'이라고 불러요. 인(人)이라는 글자는 한 사람이 다른 사람에게 기대어 서 있는 모습을 본떠 만든 것이라고 해요. 그러니까 그런 '사람들 사이'라는 뜻이 '인간'이라는 글자에 담겨 있어요. 서로 기대고 어울려 사회를 만들어 함께 살아가는 인간의 특징을 그대로 나타내고 있지요.

인간은 여러 부류들이 모여 사회를 이루고 살아요. 남성만 존재하는 사회는 있을 수도 없고, 어른만 사는 세상도 있을 수가 없어요. 나 혼자만 살 수 없듯이 나와 같은 사람만 사는 세상은 있을 수가 없다는 말이지요. 좀 더 범위를 넓혀 볼까요? 한국인이라는 집단이 있듯이, 세계에는 중국인·일본인·영국인 등 수많은 민족과 집단이 있어요. 인간 개개인

이 그러하듯이, 지구촌의 집단들도 스스로의 모습을 보지 못해요. 대신 다른 집단들이 상대 집단의 모습을 보고 얘기해 줄 수 있지요.

'나와 내가 속한 집단'이 소중한 만큼 상대인 '남'도 소중해요. 남을 통하여 나라는 존재를 똑바로 알 수 있기 때문이에요. 내가 먹는 음식을 제대로 알기 위해서는 남이 먹고 사는 음식에 대한 이해가 필요해요. 한국인이 사는 집의 모양이 갖는 의미를 이해하려면, 아프리카의 마사이 족이 어떤 환경에서 어떤 집을 짓고 사는지를 알아야 하지요.

점점 더 가까워지는 세계, 지구촌에서 이웃들과 제대로 어우러져 살아가려면 그들을 이해해야 해요. 다른 나라 사람들이 살아가는 모습을 공부해야 하지요. 또한 이를 통해 나의 눈으로만 보던 한국인의 모습과 세상이 돌아가는 이치를 다른 사람들의 눈으로 볼 수 있다면 더욱 좋겠지요.

우리나라와 지구촌 여러 나라의 의, 식, 주를 소개하는 이 책은 어린이들이 스스로의 모습과 지구촌 사람들의 모습을 이해하고, 함께 어울려 사는 법을 알려 줄 거예요.

서울대학교 인류학과 교수 전경수

| 차례 |

머리말 · 4
추천의 글 · 6

우리 생활에 꼭 필요한 의식주 · 12

1장 우리의 옷 이야기 · 14

옛날 사람은 어떤 옷을 입었어요? · 16
한복은 언제부터 입기 시작했어요? · 18
자연 재료로 만든 한복 · 22
자연으로 물들인 한복 · 26
겉옷이 많은 남자 한복 · 28
선이 고운 여자 한복 · 30
조선은 관모의 나라 · 32
가죽으로 만든 신, 짚을 엮어 만든 신 · 34
특별한 날에 입는 특별한 옷 · 36
옛날에도 장신구를 했어요? · 40
달라진 우리의 옷 · 44

의식주 지식 플러스 | 한눈에 보는 우리 장신구 · 46

2장 세계의 옷 이야기 · 48

다양한 사람, 다양한 옷 · 50
기후에 따른 옷 · 52
종교에 영향을 받은 옷 · 56

아시아의 전통 옷 · 60
서아시아와 아프리카의 전통 옷 · 62
유럽의 전통 옷 · 64
아메리카의 전통 옷 · 66
몸에 왜 장식을 할까요? · 68
의식주 지식 플러스 | 세계 여러 나라의 전통 의상 · 72

3장 우리의 음식 이야기 · 74

우리 민족은 어떤 음식을 먹었어요? · 76
우리 밥상의 기본, 밥과 국 · 80
우리 민족의 상징, 김치 · 82
메주로 만드는 된장, 간장, 고추장 · 84
절기에 먹는 음식 · 88
특별한 날에 먹는 특별한 음식 · 94
밥보다 오래 먹은 떡 · 98
우리 민족이 즐겨 마신 전통 음료 · 100
바삭바삭, 쫀득쫀득한 한과 · 102
서양과 다른 우리 상차림 · 106
세계로 퍼지는 우리 음식 · 110
의식주 지식 플러스 | 한눈에 보는 팔도 음식 · 112

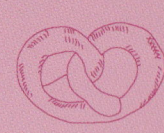

4장 세계의 음식 이야기 · 114

나라마다 다른 음식 문화 · 116
밥과 빵, 젓가락과 포크 · 118
비행기와 책상 빼고 다 먹는 중국 · 122
향신료의 나라 인도 · 124
꼬치구이와 요구르트를 즐기는 터키 · 126
파스타와 피자의 나라 이탈리아 · 128
화끈한 맛을 즐기는 멕시코 · 130
미식가의 나라 프랑스 · 132
새로운 음식 문화를 만든 미국 · 134
종교의 가르침을 따르는 음식 · 136
의식주 지식 플러스 | 세계 여러 나라의 빵 · 138

5장 우리의 집 이야기 · 140

옛날에는 어떤 집에서 살았어요? · 142
신분에 따라 사는 집이 달라요 · 146
가장 큰 집, 궁궐 · 150
한옥에는 자연이 담겨 있어요 · 154

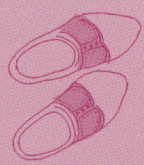

마루와 온돌은 한옥의 자랑이에요 · 156
기후에 따라 집의 구조가 달라요 · 160
쉽게 구할 수 있는 재료로 지어요 · 162
한옥이 달라졌어요 · 166
의식주 지식 플러스 | 한눈에 보는 우리의 집 · 168

6장 세계의 집 이야기 · 170

사는 곳에 따라 다양한 세계의 집 · 172
기후에 따라 집의 모양이 달라요 · 174
다양한 재료로 집을 지어요 · 178
땅 위에만 집을 짓나요? · 182
떠돌아다니는 사람들의 집 · 186
독특하게 생긴 집 · 190
의식주 지식 플러스 | 세계 여러 나라의 궁전 · 192

사진 출처 · 194
찾아보기 · 195

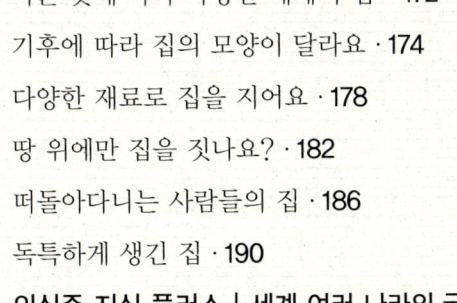

우리 생활에 꼭 필요한 의식주

의식주는 옷과 음식과 집을 통틀어 이르는 말이에요. 사람이 살아가는 데 꼭 필요한 거지요. 무인도에서 혼자 생활한다고 하여도 의식주는 꼭 필요해요.

동물에게는 몸을 보호하는 질긴 가죽과 털이 있어서 다른 동물의 공격과 위협을 막아 주지요. 하지만 사람에게는 몸을 보호해 주는 가죽과 털이 없어요. 그래서 사람들은 옷을 만들어 자기의 몸을 보호해야 했지요. 또 옛날에 옷은 자신의 민족과 신분을 드러내는 수단이기도 했어요. 요즘은 옷으로 자신의 개성을 드러낸답니다.

사람도 다른 동물처럼 오래도록 굶으면 죽는 건 마찬가지예요. 하지만 사람은 다른 동물과 달리 불을 사용할 줄 알고, 농사를 짓고, 가축을 길

19세기 서양 귀족의 저녁 식사

우리 옛 사람들의 잔치 모습

러서 먹을거리를 만들어낼 줄 알았어요. 게다가 사람들은 동물과 달리 맛있는 음식을 먹으며 행복감을 느낀답니다.

집은 날씨와 주위의 위험으로부터 사람들을 안전하게 지켜 주었어요. 이뿐만 아니라 집은 가족들이 모여 쉬고, 잠자고, 식사하고, 함께 이야기를 나누는 생활 공간이에요.

수천 년 전에도 의식주는 꼭 필요했고, 과학이 발달한 현대에도 마찬가지예요. 미래에도 똑같을 거예요. 알약과 전자 옷, 우주 집으로 편리하게 바뀔지라도 말이지요.

의식주는 사람이 사는 곳의 영향을 받아요. 자기가 사는 곳에서 나는 재료로 음식을 요리해서 먹고, 옷감을 짜서 입고, 집을 짓지요. 또 의식주는 사람이 사는 사회의 영향을 받아요. 사람은 함께 모여 사는 사회적 동물이기 때문이에요. 함께 모여 사는 사람들이 좋아하는 옷을 입고, 좋아하는 음식을 먹고, 좋아하는 집을 짓지요.

의식주는 이렇게 사람을 사람답게 하는 생활필수품이에요.

1장 우리의 옷 이야기

여러분은 한복을 입어 본 적이 있나요?
한복은 아주 오래전부터 입던 우리의 옷이에요.
우리 조상들은 자연과 어우러진 삶을 살았어요.
옷도 자연에서 얻은 재료를 이용해 만들었지요.
아름다운 자연의 색을 가득 담고 있는 자연의 옷,
사람의 몸에도 좋은 옷이 바로 한복이지요.

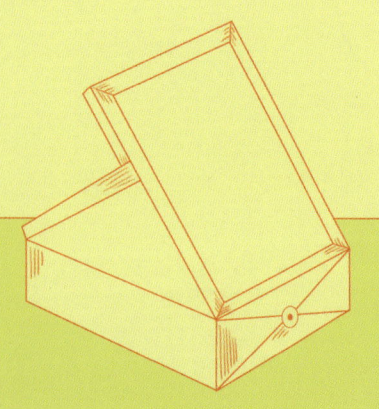

옛날 사람은 어떤 옷을 입었어요?

사람들이 언제부터 옷을 입게 되었는지는 정확히 알 수 없어요. 사냥과 채집을 하며 살던 구석기 시대에는 짐승의 털가죽이나 풀잎을 엮어 몸을 감쌌어요.

처음에는 동물 가죽을 무겁고 뻣뻣한 채로 그냥 몸에 걸쳤어요. 그러다 점차 가죽을 얇고 부드럽게 손질한 다음, 짐승의 뼈로 만든 바늘로 가죽을 꿰매 입었지요. 더울 때는 띠나 억새처럼 질긴 풀을 엮어서 옷을 만들었어요. 풀로 만든 옷은 뜨거운 햇볕과 벌레로부터 몸을 보호해 주었답니다.

신석기 시대에 농사를 짓고 한곳에 정착해서 살기 시작하면서 사람들의 옷차림에도 큰 변화가 생겼어요. 식물의 껍질에서 실을 얻어 그 실로 옷감을 짜는 법을 알게 된 거예요.

특히 '삼'의 껍질을 쪼개서 이으면 질기고 부드러운 실이 되어 옷감 짜는 데 더할 나위 없이 좋았어요. 신석기 시대 사람들은 가락바퀴로 삼실을 잣고, 그 실로 옷을 만들어 입었어요. 우리 민족이 오랫동안 즐겨 입게 될 삼베가 탄생한 것이지요.

신석기 시대 사람들은 짐승의 뼈와 이빨, 조개껍데기 등에 구멍을 뚫거나 갈아서 가면, 목걸이, 팔찌 같은 장신구를 만들어 멋을 내기도 했어요.

삼베의 재료인 삼

조개껍데기 가면

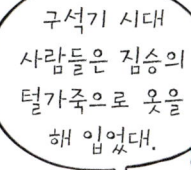

한복은 언제부터 입기 시작했어요?

우리 민족의 전통 옷인 한복은 삼국 시대에 제 모습을 갖추게 됐어요. 이때부터 사람들은 위에는 저고리를, 아래에는 바지나 치마를 입었지요.

한복의 모습이 갖추어진 삼국 시대

삼국 시대에는 남자와 여자의 옷차림이 큰 차이가 없었어요. 저고리의 길이는 엉덩이까지 내려왔고 허리에는 띠를 매었어요. 저고리 깃과 소맷부리, 저고리 끝에는 다른 색깔의 천을 둘렀지요.

바지는 여자들도 즐겨 입었어요. 귀족들은 바지통이 넓고 길이가 긴 바지를 입고, 농사일을 하는 서민들은 바지통이 좁고 길이가 짧은 바지를 입었지요.

여자들은 겉옷으로 바지를 입기도 했지만 치마 속에 입기도 했어요. 치마는 허리부터 치마 끝까지 주름을 잡은 긴 주름치마를 많이 입었지요. 저고리와 바지 위에는 두루마기를 입었어요.

삼국 시대 남자들은 귀족부터 평민에 이르기까지 모자를 즐겨 썼어요. 특히 고구려는 다양한 모자가 발달했지요. 금이나 은으로 된 새 깃털을 만들어 달거나 사슴뿔을 꽂아 꾸미기도 했어요.

통일 신라 때는 당나라의 영향으로 귀족 부인들은 저고리 위에 치마를 입기도 했어요.

다양한 옷이 발달한 고려 시대

통일 신라 시대의 옷차림은 고려에도 이어졌어요. 귀족 부인들은 속치마를 입어 치마를 부풀려 풍성해 보이도록 했지요. 외출할 때는 '몽수'라는 머리쓰개를 썼어요. 고려 후기로 오면서 여자 저고리의 길이가 점점 짧아져 허리에 매던 띠 대신에 옷고름이 생겨나게 되었어요.

고려 말에는 몽골 족이 세운 원나라의 침입을 받으면서 옷차림에도 '몽고풍'이 유행하게 되었어요. 몽골 족이 말을 탈 때 입던 '철릭'이 대표적인 몽고풍 옷이에요. 위는 몸에 맞고 허리부터는 주름을 잡아 넓어지게 했고, 옆쪽이 트여 있어 편하게 말을 탈 수 있었지요. 또 몽골 족이 즐겨 쓰던 모자인 발립도 널리 유행했어요.

고려 때는 옷감 짜는 기술이 발달해 모시로 만든 옷이 유행이었지요. 귀족들은 비단옷이나 모시옷을 입고, 평민들은 삼베옷을 입었어요. 삼베옷은 올이 성기고 까칠해 여름에는 시원했지만 겨울에는 추웠어요.

고려 말에 문익점이 원나라에서 목화를 들여오면서 무명옷을 입기 시작했어요. 그때부터 겨울에는 따뜻한 무명옷을 입을 수 있게 되었지요.

철릭

예절과 멋이 있는 조선 시대

조선 시대는 예의와 질서를 중요하게 여기는 유교 사회였어요. 옷도 신분에 따라 입는 옷감과 색, 무늬가 정해져 있었지요. 남자 양반은 겉에는 비단 도포를 걸치고, 도포 허리에는 신분에 따라 술띠를 매었어요. 또 갓을 쓰고, 가죽신을 신어 양반의 권위를 세웠어요. 아래에는 통이 넓은 바지를 입고 발목에 대님을 묶어 바지 끝부분을 고정했지요.

조선 시대에 가장 크게 변한 건 여자의 저고리예요. 조선 전기에 허리까지 내려왔던 저고리가 점점 짧아졌지요. 이에 비해 치마는 길어지고 폭이 넓어졌어요.

치마 속에는 속옷을 여러 개 겹쳐 입어 풍성하게 보이게 했어요. 여자들은 외출할 때 쓰개치마나 장옷으로 얼굴을 가리고 다녔어요.

이렇게 한복은 많은 변화를 거치면서 오늘날과 같은 모양으로 갖추어졌어요.

조선 후기 남자와 여자 옷차림

궁금증 해결사

왕이 입는 옷에는 용이 있다고요?

조선 시대 왕은 붉은 비단에 용을 수놓은 곤룡포를 입었어요. 용은 왕을 상징하는 동물이에요. 왕의 곤룡포 가슴과 양쪽 어깨에는 발톱이 다섯 개 있다는 전설의 용인 오조룡이 금실로 수놓아 있어요. 왕세자의 곤룡포에는 발톱이 넷 달린 사조룡을 수놓았고, 세손의 곤룡포에는 발톱이 셋 달린 삼조룡을 수놓았어요. 왕은 머리에 익선관을 쓰고 허리에 옥대를 매고 발에 목화를 신었지요.

곤룡포를 입고, 익선관을 쓴 영조 ▶▶▶

우리의 옷 이야기 21

자연 재료로 만든 한복

한복을 만드는 옷감은 모두 자연에서 얻었어요. 삼의 껍질에서 삼베를 얻고, 목화솜에서 무명을 얻고, 누에고치에서는 비단을 얻지요.

식물의 껍질로 만든 삼베와 모시

삼베옷

모시옷

삼베는 삼의 속껍질에서 실을 뽑아 만든 옷감이에요. 신석기 시대부터 있었던 삼베는 우리나라에서 가장 오래된 옷감이이에요. 삼베로 만든 옷은 목화솜으로 만든 무명옷이 나오기 전까지 백성들이 가장 많이 입던 옷이에요. 삼베는 몸에 달라붙지 않고, 바람이 잘 통해 여름 옷감으로 많이 쓰였지요.

모시는 모시풀의 줄기 껍질에서 실을 뽑아 만든 옷감으로 삼베와 함께 널리 쓰였어요. 삼베는 올이 굵고 거칠었지만 모시는 올이 곱고 부드러워서 양반들이 입는 고급 옷감으로 쓰였어요. 기온이 높고 습기가 많은 곳에서 자라는 모시풀은 기르기도 까다로웠지요. 모시는 짜는 것도 까다로웠어요. 날씨가 건조하면 쉽게 끊어지기 때문에 습기가 많은 움집에서 짜야 했지요. 모시는 삼베처럼 공기가 잘 통해 여름 옷감으로 많이 쓰였어요.

누에고치로 만든 비단

동물에서도 실을 얻었어요. 누에는 번데기가 될 때 자기 몸을 보호하려고 실을 토해 자기 몸의 바깥을 둘러싸서 고치를 지어요. 고치에서 뽑은 실로 짠 옷감을 비단이라고 해요. 1개의 고치에서 1,200m에서 1,500m에 이르는 실이 나오지요.

비단은 옷감 중에서 가장 부드럽고 반짝거리며 구김이 잘 가지 않아 옷으로 만들면 아름답고 우아해요. 그리고 따뜻해서 겨울철 옷감으로도 좋아요. 하지만 누에는 기르기가 까다롭고, 비단 짜는 일도 힘들어 신분이 높고 돈이 많은 양반만 비단옷을 입을 수 있었지요. 평민들은 명절이나 혼례식처럼 특별한 날에나 비단옷을 입을 수 있었어요.

← 비단옷

목화송이로 만든 무명

무명은 목화솜에서 뽑은 실로 짠 옷감이에요. 면직물의 일종이지요. 목화의 열매인 다래가 자라면서 딱 벌어지면 그 속에 목화솜이 꽃처럼 피어 있어요. 이 목화솜에서 실을 뽑아 옷감을 짜지요.

고려 시대 말에 문익점이 원나라에서 목화씨를 들여오면서 무명으로 짠 옷을 입기 시작했어요. 목화는 재배하기가 쉽고, 질기면서도 부드러워 많은 사람이 즐겨 입었지요.

무명옷은 봄, 여름, 가을, 겨울 언제나 입을 수 있었어요. 여름에는 한

무명을 만드는 목화솜

무명옷

겹으로 얇게 옷을 지어 입었어요. 무명은 삼베와 달리 땀을 잘 흡수해서 무명옷은 더운 여름에 농사일을 하기에도 좋았지요. 겨울에는 무명 사이에 목화솜을 두둑이 넣어 누벼서 입었어요. 목화솜을 넣은 누비옷은 따뜻할 뿐만 아니라 찬바람을 막아 줘서 한겨울 매서운 추위에도 걱정이 없었어요. 무명은 옷뿐만 아니라 이불 등을 만드는 데도 쓰였지요. 합성섬유가 많아진 오늘날에도 사람들은 속옷을 비롯해 면직물로 만든 티셔츠나 바지 등을 많이 입는답니다.

옷감 짜기

옛날에는 집집마다 목화를 재배했어요. 집 안에 물레와 베틀을 갖춰 놓고 옷감을 짰지요. 물레를 돌려 실을 잣고, 베틀에 앉아 옷감을 짜는 일은 모두 여자가 했어요. 목화솜이 옷감이 되기까지는 정말 많은 노력과 시간이 들었답니다.

여자들은 농사가 끝나면 온종일 물레를 돌리고, 베틀에 앉아 씨실과 날실을 서로 오가게 하며 옷감을 짰어요. 베틀에서 옷감을 짜려면 손발을 쉴 새 없이 움직여야 했기 때문에 고되고 지루했지요. 여자들은 베틀가를 부르며 지루함을 이기고 졸음을 쫓았어요.

목화솜으로 무명을 짜기까지는 여러 과정을 거쳐야 해요. 도구도 그때그때 달라요. 먼저 목화솜의 씨를 빼고, 솜을 부풀려요. 솜이 부풀면 솜을 대롱 모양으로 만든 다음, 물레질을 하여 실을 뽑아내지요. 목화로 실을 만들고 나면 씨실과 날실을 따로 만들어 베틀로 옷감을 짠답니다.

목화에서 무명이 되기까지

1. 씨아로 목화의 씨를 뽑아요.
2. 솜활로 솜을 부풀려요.
3. 솜을 대롱 모양으로 만들어요.
4. 물레로 실을 뽑아요.

5. 만들어 놓은 실을 길게 늘여서 풀을 매겨요.

6. 베틀로 옷감을 짜요.

- 옷감 짜는 과정이 참 복잡하네.
- 지금은 공장에서 옷감을 만들어 내는데, 옛날에는 집에서 옷감을 짰대.

우리의 옷 이야기 25

자연으로 물들인 한복

옛날 사람도 예쁜 색깔 옷을 입었어요. 모두 자연에서 얻은 재료로 옷감을 물들였지요. 꽃이나 열매, 뿌리 등을 끓이거나 우려내어 여러 가지 색깔을 만들었어요. 그중에 빨강, 파랑, 노랑, 검정, 하양을 가장 많이 썼지요. '오방색'이라고 부르는데, 다섯 방향을 뜻해요. 동쪽은 청색, 서쪽은 흰색, 남쪽은 적색, 북쪽은 흑색, 가운데는 황색이에요.

푸른 빛깔은 쪽에서, 붉은 빛깔은 홍화에서, 노란 빛깔은 치자에서, 검정 빛깔은 오배자에서 얻었어요. 그중에서 우리 민족은 쪽에서 나온 푸른 빛깔을 아주 좋아했어요. 쪽물에 담그는 횟수에 따라 쪽에서는 연한 옥빛부터 짙은 파랑까지 다양한 색깔이 나왔지요.

자연에서 얻은 색깔은 자연 그대로가 배어나 아름다웠어요. 쪽으로 물들인 옷은 맑은 날 하늘빛처럼 푸르렀고, 홍화로 물들인 옷은 활짝 핀 꽃잎처럼 붉었지요. 물들일 때 쓰는 재료들은 약으로 쓰는 식물이 많아 건강에도 좋았어요.

오배자나 오미자로 염색한 옷은 여자 몸을 따뜻하게 해 주는 것으로 알려져 속옷에 물들이기도 하였지요. 쪽으로 염색한 옷은 가려움을 없애 주고 벌레도 막아

쪽 잎으로 짙은 남색을 물들여요.

홍화 꽃잎으로 붉은 색을 물들여요. 말릴수록 붉어져요.

주었어요. 장롱 속에 쪽물 들인 옷감을 한 필씩 넣어 두어 장마철에 다른 옷감에도 곰팡이가 피지 않게 해 주었지요.

자연 재료로 만든 옷감에다 자연 재료로 물들인 옷을 입던 우리 조상은 몸에 자연을 입고 살았던 거예요.

겉옷이 많은 남자 한복

도포

두루마기

한복은 남자와 여자의 옷차림이 달라요. 양복과 달리 옷 입는 차례도 복잡하고, 옷의 종류도 다양하지요.

남자들은 바지와 저고리를 입고, 그 위에 겉옷인 포를 입었어요. 저고리는 길이가 길고 품도 넉넉하고, 대부분 한 가지 색깔로 되어 있지요. 앞은 고름을 묶어 여몄어요. 남자 한복의 전체 모습은 쭉 뻗은 직선에 살짝 굴린 곡선이 어우러지면서 당당함과 부드러움이 조화롭지요. 바지는 통이 넓어 흘러내리지 않도록 허리에는 띠를 하고, 바지 끝에는 대님을 매요.

겉옷인 '포'는 외출할 때는 물론 집 안에서도 예의를 갖추기 위해 입었어요. 그래서 도포, 중치막, 두루마기, 창의, 전복, 답호 등 겉옷이 발달했지요.

'도포'는 소매가 아주 넓고 뒤쪽이 트여 있고, 그 위에 뒷자락이 한 겹 더 있어요. 도포는 입을 때 가슴 위에 띠를 맸는데, 띠 양쪽 끝에 술이 달려 있어 '술띠'라고 하지요. '중치막'은 양 겨드랑이 아래로 트임이 있어서 매우 활동적인 옷이었어요.

'두루마기'는 '두루 막혀 있다'고 해서 두루마기라고 했어요. 도포에 비해 소매가 좁아 활동하기 편했어요. 조선 후기부터는 여자들도 두루마기를 입었어요.

남자 한복 입는 법

1. 바지를 입어요.
2. 저고리를 입고 고름을 매요.
3. 버선을 신고 대님을 매요.
4. 조끼를 입고 마고자를 입어요.
5. 단추를 끼워요.

대님 매기

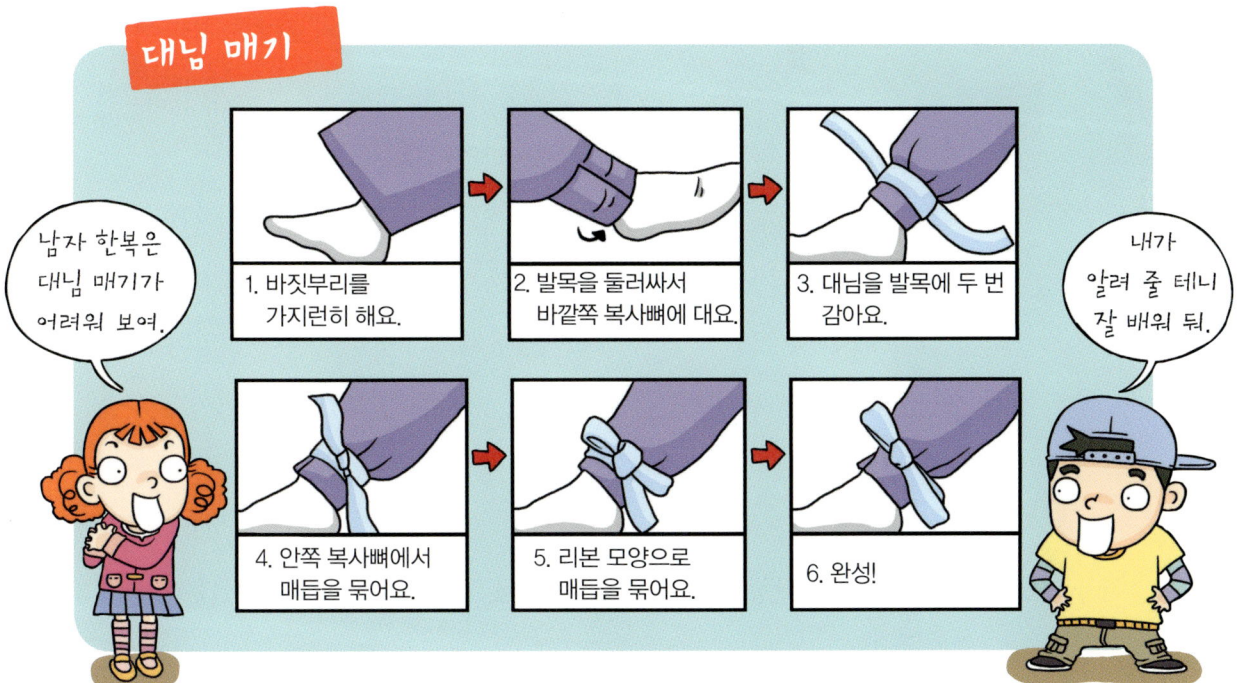

1. 바짓부리를 가지런히 해요.
2. 발목을 둘러싸서 바깥쪽 복사뼈에 대요.
3. 대님을 발목에 두 번 감아요.
4. 안쪽 복사뼈에서 매듭을 묶어요.
5. 리본 모양으로 매듭을 묶어요.
6. 완성!

남자 한복은 대님 매기가 어려워 보여.

내가 알려 줄 테니 잘 배워 둬.

선이 고운 여자 한복

여자들은 보통 치마와 저고리를 입었어요. 삼국 시대 때는 남자와 여자 모두 바지를 즐겨 입었는데, 점차 여자는 치마 속에만 입게 되었어요.

여자들이 입는 저고리는 삼국 시대와 고려 시대에는 엉덩이를 덮을 정도로 길었어요. 그러다가 고려 말부터 저고리가 짧아지기 시작해 조선 후기에는 가슴이 드러날 정도로 짧아졌지요. 끝동과 깃, 섶도 같이 바뀌면서 한복의 고운 선이 나타났지요. 신분이 높은 양반 부녀자는 깃과 고름, 끝동, 곁마기에 다른 색 천으로 댄 삼회장저고리를 입었어요. 계절에 따라 입는 저고리도 달랐어요. 여름에는 홑으로 된 적삼과 깨끼저고리를 입었고, 겨울에는 솜을 넣은 누비저고리를 입었어요.

↖ 삼회장저고리

여자들은 결혼하기 전과 후에 입는 옷의 색깔이 달랐어요. 결혼하기 전에는 노랑 저고리에 다홍치마를, 결혼한 뒤에는 연두저고리에 다홍치마를 입었지요. 지금도 새색시는 보통 연두저고리에 다홍치마를 입어요.

조선 시대 양반 부녀자들은 외출하는 일이 거의 없었어요. 어쩌다 외출할 때면 쓰개치마나 장옷으로 얼굴을 가렸지요. 쓰개치마는 작은 치마처럼 생겼는데, 얼굴에 두른 뒤에 턱 밑에서 치마 양쪽 끈을 손으로 잡아당겼어요. 장옷은 두루마기처럼 생겼는데, 소매에 팔을 끼우지 않고 얼굴을 두른 뒤에 옷고름으로 여며 주었지요.

여자 한복 입는 법

1. 속바지를 입고 속치마를 입어요.
2. 버선의 솔기 방향을 바깥쪽으로 하여 신어요.
3. 치마의 겉자락을 왼쪽으로 여며요.
4. 치마 끈은 가슴 앞에서 단단히 묶어요.
5. 속적삼과 저고리를 입어요.
6. 고름을 매요.

고름 매기

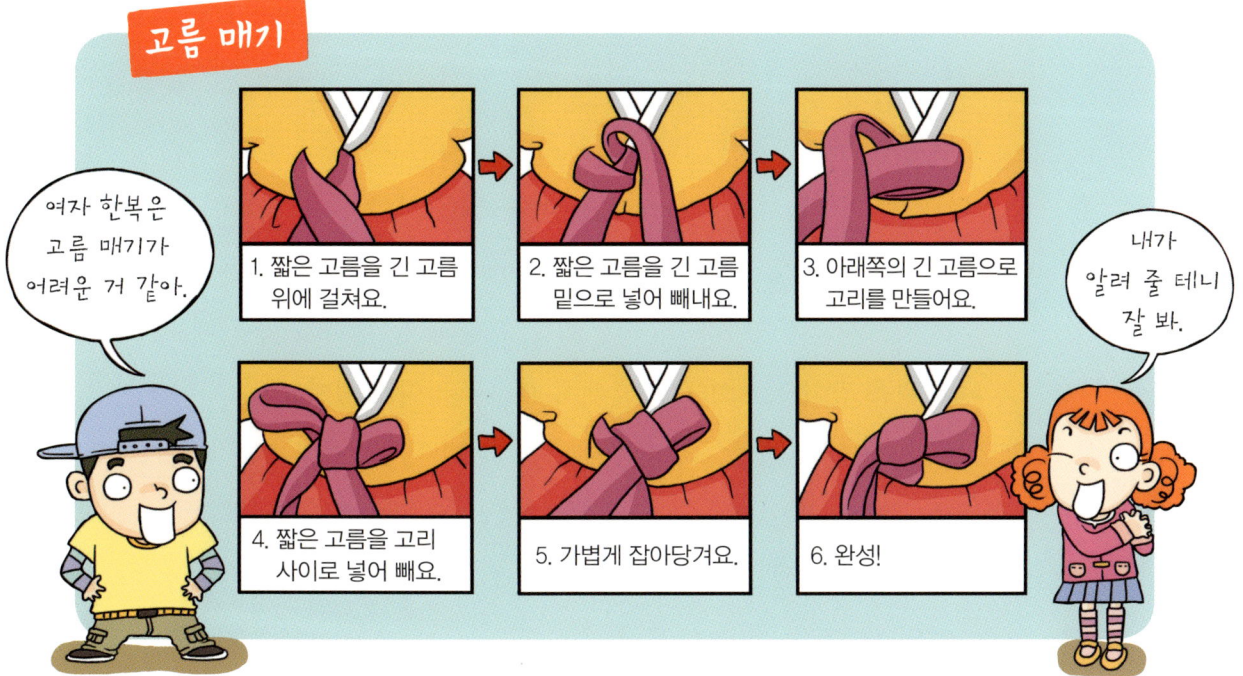

여자 한복은 고름 매기가 어려운 거 같아.

내가 알려 줄 테니 잘 봐.

1. 짧은 고름을 긴 고름 위에 걸쳐요.
2. 짧은 고름을 긴 고름 밑으로 넣어 빼내요.
3. 아래쪽의 긴 고름으로 고리를 만들어요.
4. 짧은 고름을 고리 사이로 넣어 빼요.
5. 가볍게 잡아당겨요.
6. 완성!

조선은 관모의 나라

여러 가지 관모를 쓰고 있는 양반들

조선 시대에는 유교 사상의 영향으로 예의와 격식을 갖추기 위해 머리에 쓰는 모자인 관모가 발달했어요. 양반들은 맨상투를 부끄럽게 여겨 집 안에서도 탕건이나 정자관 같은 관모를 쓰고, 외출할 때는 갓을 썼지요.

'갓'은 우리 민족만이 썼던 독특한 관모로, '흑립'이라고도 해요. 모자 부분과 둥글고 넓적한 챙 부분을 따로 만들어 이어 붙였어요. 갓에는 여러 가지 구슬을 이어 만든 갓끈을 길게 늘여 달아 멋을 냈지요. 말총으로 짠 갓은 반투명으로 빛을 은은하게 띠어 선비들의 기품을 돋보이게 해 줬어요.

사모는 벼슬을 하는 양반들이 관복을 입을 때에 쓰는 관모예요. 혼례 때 신랑이 쓰기도 했지요. 양반 집의 남자 아이는 복건을 썼어요. 양반 부녀자들은 혼례식이나 계례식, 회갑, 회혼례 등 행사가 있을 때 족두리나 화관을 썼어요. 평민들도 혼례식 때는 족두리를 썼지요.

우리나라는 사계절이 뚜렷해서 겨울에 쓰는 관모도 많아요. 겨울 관모들은 대부분 머리 위쪽이 트여 있고, 트인 곳 앞뒤에는 술이나 비취, 구슬을 달아 장식했지요. 남바위는 남자와 여자 구별 없이 썼고, 조바위와 아얌은 여자들이 썼어요. 서너 살쯤 되는 아이들은 굴레를 썼지요.

가죽으로 만든 신, 짚을 엮어 만든 신

옛날에도 신의 종류는 매우 다양했어요. 신은 목이 있는 신과 목이 없는 신으로 나눌 수 있어요. 목이 있어 장화처럼 생긴 신을 '화'라고 하고, 신에 목이 없는 신발을 '이' 또는 '혜'라고 해요.

옛날 사람들은 신분에 따라 다른 신을 신었어요. 특히 조선 시대는 매우 엄격했지요. 왕이나 관리들은 관복을 입을 때는 목화를 신었고, 평소에는 가죽과 비단으로 만든 '태사혜'를 신었어요. 양반 부녀자들은 '당혜'나 '운혜'를 신었지요. 태사혜는 신코가 뭉툭하고, 운혜나 당혜는 뾰족해요. 양반들의 신은 한 켤레 만드는 데 일흔두 번의 손이 갈 정도로 정성이 많이 들어갔어요.

신분이 낮은 사람들은 짚을 엮어 만든 '짚신'을 신었어요. 형편이 좀 더 나은 사람들은 삼을 꼬아 만든 '미투리'를 신었지요. 미투리는 짚신보다 훨씬 곱고 촘촘해서 여자나 선비도 많이 신었어요.

비가 오면 양반들은 가죽을 기름에 절여 만든 '진신'을 신었어요. 신의 바닥에 징이 박혀 있어서 '징신'이라고도 하지요. 가난한 사람들은 나무로 만든 '나막신'을 신었어요. '딸깍발이'라는 말은 가난한 선비가 나막신을 신고 걸을 때 딸깍거리는 소리가 난다고 생긴 말이에요. 눈이 많이 오는 지역에서는 눈에 빠지지 않도록 신발에 덧신는 설피를 신었어요. 또 신발의 목을 길게 만들어 장화처럼 생긴 둥구미도 신었지요.

특별한 날에 입는 특별한 옷

조선 시대에는 돌, 관례, 혼례 같은 통과 의례를 매우 중요하게 여겼어요. 이때에는 특별한 옷을 입어 격식도 갖추고 의미도 되새겼지요.

첫 생일, 돌 때 입는 옷

돌은 아기가 태어난 날로부터 일년이 되는 날로, 아기가 처음으로 맞는 생일이에요. 옛날에는 돌이 되기 전에 죽는 아이들이 많았어요. 그래서 아기가 무사히 일 년을 넘긴 것을 축하하고, 앞으로 오래 살기를 기원하며 돌잔치를 성대하게 열었답니다.

어머니들은 돌 옷을 정성스레 지었어요. 남자아이는 연보라색 풍차바지에 분홍색 저고리를 입히고, 소매가 색동으로 된 까치두루마기를 입혔어요. 그리고 그 위에 전복을 입히고 돌띠를 가슴에 둘렀지요. 머리에는 호건을 쓰고, 발에는 타래버선과 태사혜를 신겼어요.

여자아이들은 다홍치마에 색동저고리를 입혔어요. 그 위에 궁중에서 입는 옷을 본떠서 만든 어린이 당의를 입히기도 했지요. 머리에는 굴레나

까치두루마기 굴레 호건

조바위를 쓰고 비단신을 신겼어요.

오늘날 돌 때 입는 옷도 조선 시대와 크게 다르지 않아요. 단지 사서 입히고, 간편해진 게 조금 다를 뿐이지요.

어른이 되는 날, 관례와 계례 때 입는 옷

옛날에는 남자의 성인식을 '관례', 여자의 성인식을 '계례'라고 했어요. 관례와 계례를 하기 전에는 남자와 여자 모두 머리를 길게 땋아 끝에는 댕기를 맺어요. 남자 아이가 열다섯 살에서 스무 살 사이가 되면 관례를 치렀어요. 관례 때에는 상투를 틀고 망건을 쓴 다음, 그 위에 복건을 썼어요. 겉옷으로는 심의를 입었지요.

심의

여자의 성인식은 보통 혼례식 전날 아침에 치렀어요. 계례 때에는 머리를 들어 올려 쪽을 찌고 비녀를 꽂았어요. 그런 다음, 화관을 썼지요. 저고리 위에는 조끼처럼 생긴 배자를 입었어요.

옛날 사람들은 관례를 중요하게 생각했어요. 관례를 치르지 않으면 나이가 많더라도 존경을 받지 못했지요. 혼인을 하지 않았더라도 관례를 끝내면 어른으로 대접을 받았어요.

오늘날에는 옛날처럼 성인식을 크게 치르지 않아요. 그렇지만 나라에서 해마다 5월 셋째 주 월요일을 '성년의 날'로 정해 여러 가지 행사를 하고 있어요. 성년의 날 때는 특별한 옷을 입지 않아요.

관리처럼 공주처럼, 혼례 때 입는 옷

남자와 여자가 부부가 되는 혼례는 가장 크고 화려한 의식이었어요. 혼례를 사람이 일생에서 겪게 되는 가장 큰 일이라는 뜻으로 '인륜대사'라고 일컫지요. 나라에서도 혼례 때만큼은 평민도 왕족이나 관리의 옷을 입을 수 있게 해 주었어요.

신랑은 관리들이 입는 '사모관대'를 했어요. 단령을 입고, 각대를 허리에 두르고, 사모를 쓰고 목화를 신었지요. 가슴과 등에는 학을 수놓은 흉배를 달았어요.

신부는 자주색 삼회장을 단 연두저고리와 다홍치마를 입고 그 위에 원삼이나 활옷을 입었어요. 원삼과 활옷은 왕비와 공주가 나라에 행사가 있을 때 입는

← 단령

← 활옷

신랑, 신부 맞절!

옷이에요. 붉은 비단으로 된 활옷에는 모란꽃, 불로초, 나비 등을 수놓았어요. 복을 받고 오래 살라는 뜻이지요. 머리에는 화관이나 족두리를 쓰고 긴 댕기를 드렸어요.

오늘날은 대부분 서양식으로 결혼해요. 신랑은 양복에 연미복을 입고, 신부는 웨딩드레스에 면사포를 쓰지요. 하지만 부모님께 인사를 드리는 폐백 때에는 전통 혼례복을 입어요.

마지막 효도, 상례와 제례 때 입는 옷

상례는 사람이 죽었을 때 하는 의식으로, 효를 중시했던 조선 시대에는 매우 중요한 행사였어요. 상례 때는 올이 성긴 삼베옷을 입었어요. 머리와 허리에 짚이나 삼을 꼬아 만든 띠을 두르고, 지팡이를 짚었어요. 아버지가 돌아가시면 대나무 지팡이를, 어머니가 돌아가시면 오동나무 지팡이를 짚었지요. 부모님이 돌아가셨을 때는 길게는 3년 동안 상복을 입었어요.

상례 때 허리에 두르던 띠

제사를 지낼 때에도 조상에 대한 예의를 지키기 위해 제례복을 갖춰 입었어요. 남자들은 심의를 입고 복건을 썼고, 여자들은 흰색이나 옥색 치마저고리를 입었지요.

오늘날은 대부분 장례식장에서 장례를 치러요. 남자는 검은 양복, 여자는 검은색이나 흰색 한복을 많이 입지요.

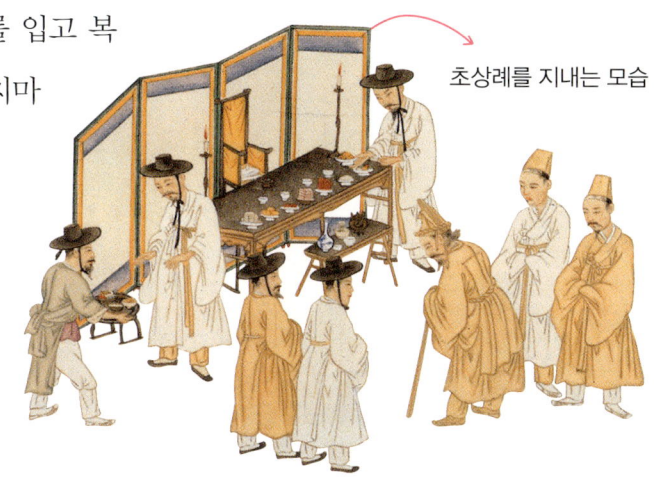

초상례를 지내는 모습

옛날에도 장신구를 했어요?

몸을 꾸며 주는 장신구는 옷차림에 따라, 시대에 따라 달라졌어요. 삼국 시대에는 귀고리, 목걸이 등이 발달했지만, 조선 시대에는 노리개, 비녀 등이 발달했어요.

옷을 꾸며 주는 장신구, 노리개와 장도

조선 시대에는 저고리의 길이가 짧아지고, 옷고름이 생기면서 저고리 고름이나 치마허리에 '주머니'나 '노리개'를 차고 다녔어요. 주머니에는 수를 놓고 장식 술을 늘어뜨렸지요. 노리개는 조선 시대 여자들의 대표적인 장신구예요. 은, 비치, 산호, 호박, 옥과 같은 보석에 색색의 술을 늘어뜨려 만들었지요.

양반 부녀자들의 옷에는 늘 노리개가 달려 있었어요. 여자들은 노리개를 아끼고 소중히 간직했지요. 딸이나 며느리에게 물려주어 집안의 가보가 되기도 했어요. 패물이 세 개 달린 노리개를 '삼작노리개'라고 해요. 삼작노리개는 왕비와 양반 부녀자들이 행사 때 찼어요. 커다란 진주가 세 개 달린 '삼천주노리개'는 왕비만 찰 수 있었대요.

주머니 / 삼작노리개 / 은장도

실용적인 노리개도 많았어요. 사향 주머니를 단 향갑노리개는 체했을 때 사향을 물에 타서 마시는 응급약의 구실도 했어요. 바늘집을 달아맨 노리개도 있었어요. '장도'를 매단 노리개도 있었지요.

조선 시대 여자들은 장도를 주머니 속에 넣거나 옷고름에 늘 차고 다녔어요. 장도는 칼집이 있는 작은 칼로, 조선 시대 여자들의 굳은 절개를 상징하지요. 고려 시대 때 원나라의 영향을 받아 유행하기 시작했는데, 조선 시대에는 양반 부녀자들이 반드시 지녀야 하는 소지품이 됐어요.

장도는 몸을 보호하는 호신용이지만, 크기가 작아 노리개로 만들어 차고 다니기도 했어요. 구름, 학, 박쥐 같은 무늬를 새겨 넣었는데, 나쁜 일을 막고 오래 살게 해 달라는 마음이 담겨 있는 거예요.

머리를 꾸며 주는 장신구

옛날에는 혼인하기 전에는 남자와 여자 모두 머리를 길게 땋아 '댕기'로 묶었어요. 댕기 끝이 제비부리처럼 뾰족하다 하여 '제비부리댕기'라고 불렀지요. 남자는 검은색, 여자는 빨간색 댕기를 드렸어요. 남자 댕기는 아무런 장식이 없었지만 여자 댕기는 글자를 금박하거나 여러 가지 장식을 달아 꾸몄어요. 머리가 짧은 어린아이들은 '말뚝댕기'를 하고, 앞머리에는 '뱃씨댕기'를 드려 앞머리가 흘러내리지 않도록 했지요.

결혼을 한 뒤에는 남자와 여자 모두 머리를 올렸어요. 남자들은 상투를 틀어 올리고 상투가 풀어지지 않도록 작은 비녀처럼 생긴 '동곳'으로 고정시켰어요. 동곳은 머리에 갓을 써야 하기 때문에 작았어요.

동곳
제비부리댕기

결혼한 여자들도 머리를 올려 비녀로 고정시켰어요. 조선 중기 이후에는 자기 머리에 다른 사람의 머리카락을 얹어서 머리를 높고 크게 만드는 가체가 유행했어요. 가체에는 보석으로 만든 떨잠 등의 장신구로 화려하게 장식했어요. 그런데 가체가 점점 커지고 장신구의 사치가 심해지자 조선 후기에는 나라에서 가체를 하지 못하도록 했어요.

가체가 금지된 이후에는 쪽머리를 하면서 비녀가 다양하게 발달했어요. 양반 부녀자는 금, 은, 산호, 옥 등으로 만든 화려한 비녀를 꽂았고 평민들은 백동, 놋, 동물의 뼈나 뿔로 만든 비녀를 꽂았지요. 왕비는 비녀 앞머리에 용이나 봉황 모양을 장식했어요.

쪽머리는 주로 뒤꽂이로 장식했어요. 뒤꽂이는 아래쪽은 뾰족하고 위쪽은 국화, 나비 등 여러 가지 모양으로 장식했어요. 보석으로 만든 뒤꽂이도 많지만 가르마를 타거나, 귀지를 파내는 데 쓰는 뒤꽂이도 있었지요. 장식도 하고 쓸모도 있는 뒤꽂이에서 우리 조상들의 멋과 지혜를 엿볼 수 있어요.

가체를 하고, 노리개를 찬 모습

궁금증 해결사

옛날에는 남자도 귀고리를 했다고요?

삼국 시대 때 귀고리는 권력과 권위를 나타내는 장신구였어요. 그래서 남자도 귀고리를 많이 했지요. 신라 화랑들도 귀고리를 많이 했어요. 조선 초기에는 남자와 여자 모두 귀고리를 했어요. 왕족과 사대부 자손들이 귀고리로 권위와 신분을 과시했어요. 선조 때 귀고리를 금하는 명령을 내리면서 남자들의 귀고리 풍습은 거의 사라지고 여자들만 착용하다가 귓바퀴에 거는 귀걸이 형태로 바뀌었어요.

조선 시대의 귀걸이 ▶▶▶

달라진 우리의 옷

한복은 조선 말에 서양 문물의 영향을 받으면서 크게 바뀌었어요. 1894년에 갑오개혁으로 신분제가 폐지됨에 따라 쓰임새에 따라 다양했던 겉옷이 두루마기로 통일됐지요.

1895년에는 남자들의 긴 머리카락을 짧게 자르라는 '단발령'이 있었어요. 단발령은 백성들로부터 큰 반발을 샀어요. 머리카락을 자르는 것은

부모에 대한 불효라고 생각하여 스스로 목숨을 끊는 사람도 있었지요.

단발령 이후 상투를 틀 수 없게 되자 관모들이 사라졌어요. 외출할 때는 갓을 벗고 서양 모자를 쓰기 시작했지요. 머리가 짧아지자 옷차림은 더 간소해졌고, 양복을 입는 사람도 점점 늘어났어요.

여자들의 옷차림도 변했어요. 신식 교육을 받은 신여성들이 흰 저고리에 짧은 통치마를 입기 시작했지요. 여자들의 외출이 자유로워지면서 장옷과 쓰개치마도 사라졌어요. 신발도 옛날 양반들이 신던 당혜나 운혜를 본떠서 만든 값싸고 질긴 고무신이 큰 인기를 끌었지요.

양복을 입게 되면서 옷감도 바뀌었어요. 양털로 만든 모직 옷과 나일론이나 폴리에스테르와 같은 합성섬유로 만든 옷도 많아졌어요. 합성섬유는 질겨서 큰 인기를 끌었지요.

1980년대에 사람들이 편하게 입을 수 있는 생활한복이 나왔어요. 현대에 알맞게 우리 민족의 상징인 한복을 계승하고자 한 거지요. 고름 대신 단추로 바꿔서 입기 편하게 하고 넓은 치마폭을 줄여 활동하기 편하게 했어요. 생활한복을 교복으로 입는 학교도 생겼지요. 또 한복을 서양식으로 고쳐서 디자인한 퓨전 한복도 인기를 끌고 있어요.

오늘날 한복은 설날 같은 큰 명절이나 결혼식 같은 특별한 날에만 입어요. 하지만 한복은 우리 민족의 혼과 역사가 담긴 소중한 옷이에요. 한복의 멋과 아름다움을 지켜 나가야 해요.

한복 패션쇼의 퓨전 한복

한눈에 보는 우리 장신구

우리 조상들은 옷차림에 맞는 아름다운 장신구로 멋을 냈지요. 청동기 시대부터 조선 시대까지 장신구가 어떻게 변화했는지 살펴보아요.

관 꾸미개
백제 왕비의 관을 장식하던 꾸미개예요. 얇은 금판에 인동초와 불꽃 무늬를 새겼어요.

곡옥
옥을 다듬어 초승달 모양으로 만든 장신구예요. 선사 시대에는 옥으로 목걸이나 팔찌 등을 만들었어요.

철기 시대

청동기 시대

삼국 시대

관옥 목걸이
대롱처럼 생긴 옥을 연결해서 만들었어요.

금귀고리
고구려 사람들이 쓰던 금귀고리예요. 남녀가 모두 썼지요. 삼국 시대에는 목걸이, 귀고리 같은 장신구가 발달했어요.

장식 빗

거북이 등껍질로 만들었어요. 머리를 장식하는 데 썼어요.

머리꽂이 꾸미개

고려 시대도 삼국 시대처럼 화려하고 아름다운 장신구가 발달했어요. 귀족 부인들이 머리에 꽂던 장신구예요.

통일 신라 · 고려 시대 · 조선 시대

허리띠 꾸미개

신라 왕이 쓰던 허리띠 꾸미개예요. 허리띠를 금으로 장식하고, 약병 등 여러 가지 장식품을 늘어뜨렸지요.

옥비녀

왕비가 머리에 꽂던 옥비녀예요. 조선 시대는 귀고리와 목걸이 같은 장신구가 발달하지 않았어요. 그 대신 노리개와 머리 장신구가 많아졌지요.

2장 세계의 옷 이야기

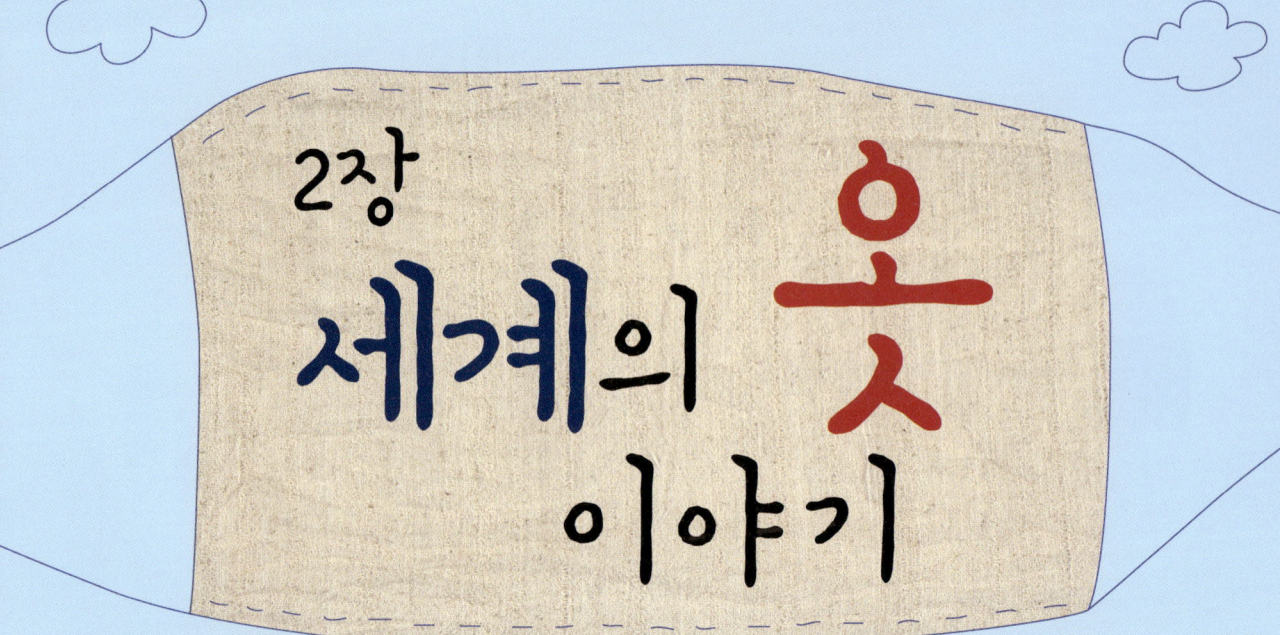

세계 여러 나라 사람들은 자기 나라의 자연환경에 알맞은 옷을 입어요.
옷차림은 자연환경의 영향만 받는 것은 아니에요.
각 나라의 문화와 종교의 영향도 받아요.
종교 때문에 온몸을 가리고 다니거나,
문화 때문에 특별한 장신구를 하지요.
다른 나라 사람들은 어떤 옷을 입는지 알아보아요.

다양한 사람, 다양한 옷

　세계에는 70억 명이 넘는 사람이 살고 있어요. 어느 곳에 살든 아주 적은 수의 사람을 제외하고는 모두 옷을 입어요. 하지만 모두 똑같은 옷을 입는 건 아니에요. 살고 있는 곳에 따라 옷차림이 다르지요.

　덥고 습기가 많은 열대 우림 지역에서는 거의 옷을 입지 않아요. 곤충이나 뱀, 전갈 등으로부터 몸을 보호하려고 나뭇잎이나 풀, 천으로 몸을 살짝 가릴 뿐이지요. 덥지만 건조한 사막 지역에서는 길고 느슨한 옷을 입어 뜨거운 햇볕을 막고 사막의 모래바람을 막아요. 추운 지역에서는 털가죽으로 온몸을 꽁꽁 싸매 매서운 추위로부터 몸을 보호하지요. 옷은 이렇게 추위와 더위로부터 몸을 보호해 줘요.

　사람들은 옷감을 아름다운 색깔로 물들이고, 무늬를 넣기도 하고, 장신구를 걸쳐 아름답게 꾸며요. 옷뿐만 아니라 몸에도 장식을 해요. 아무것도 입지 않더라도 몸에는 꼭 장식을 해요. 얼굴이나 몸에 색칠을 하거나 문신을 새기지요. 또 목이나 귀, 코 등에 예쁜 장신구를 하지요. 장식을 하는 것은 아름답게 꾸미는 목적도 있지만 자기 부족의 힘을 과시하거나 지위가 높은 사람이라는 걸 알리려는 목적도 있어요.

　어떤 옷이 아름다운지 어떤 장식이 아름다운지는 생활 풍습이나 종교, 문화에 따라 달라요. 어떤 곳에서 아름답게 꾸민 장식을 다른 곳에서는 추하다고 생각할 수 있어요.

옷을 보면 어떤 종교를 믿는지도 알 수 있어요. 대부분의 성직자들은 소박하고 검소한 옷을 입어 세상에 욕심이 없다는 걸 보여 주지요. 종교 의식이나 행사 때는 특별한 옷을 입어 신에 대한 존경을 나타내기도 해요. 이처럼 옷은 자연환경이나 풍습, 종교 등에 따라 다양하지요.

그래서 사람들이 입고 있는 옷을 보면, 어느 곳에 사는지 알 수 있어요. 옷은 문화의 상징이니까요.

기후에 따른 옷

기후는 사람들의 옷차림에 가장 큰 영향을 미쳐요. 뜨거운 곳에 사는 사람들은 시원하게 입고, 추운 곳에서 사는 사람들은 따뜻하게 입어요. 또 건조한 지역과 습도가 높은 지역의 옷도 다르지요.

옷 대신 몸 장식을 하는 열대 지역 사람들

매우 덥고 습기가 많은 아마존의 열대 우림에 사는 야노마미 족은 숲에서 생활할 때는 거의 옷을 입지 않고 지내요. 옷을 입으면 금방 젖어 버리기 때문이에요. 단지 작은 가리개로 아래를 살짝 가려요. 벌레가 몸 안으로 들어가는 것을 막기 위해서예요.

야노마미 족은 옷을 입는 대신 몸에 색을 칠해 멋을 부려요. 몸에 색칠

깃털과 막대기로 멋을 부린 야노마미 족

을 하면 햇볕으로부터 살갗을 보호할 수도 있고 벌레를 쫓을 수도 있어요. 또 얼굴과 팔다리에도 여러 가지 장식을 해요. 화려한 깃털을 머리에 꽂고, 입 주위에 막대를 끼워 멋을 내지요. 귀와 팔뚝에는 향기 나는 잎이나 꽃, 깃털로 장식하지요.

온몸을 감싸는 사막 지역 사람들

사막은 햇볕이 뜨거운 데다가 매우 건조해요. 때때로 거센 모래바람이 휘몰아쳐요. 낮과 밤의 기온차도 심해 밤에는 매우 추워요. 사하라 사막에 사는 투아레그 족 남자들은 푸른 색깔의 길고 헐렁한 옷으로 온몸을 감싸요. 얼굴도 눈만 내놓고 푸른 천으로 감싸지요. 50도가 넘는 사막의 뜨거운 햇빛과 거센 모래바람을 막는 거예요. 영하로 기온이 떨어지는 밤에는 따뜻한 양털로 된 외투를 걸쳐요.

푸른 옷으로 온몸을 감싼 투아레그 족

앗 뜨거워!	너무 더워.	아, 따가워.	음, 좋아.
사막에서 반팔을 입으면 햇볕이 몸에 직접 닿아 뜨거워요.	그렇다고 긴팔을 입으면 너무 덥지요.	이따금 몰아치는 모래바람은 얼굴을 따갑게 해요.	그래서 사막에서는 통이 넓은 긴 옷과 두건을 쓰지요.

사롱을 입은
인도네시아 사람

입기 편한 사롱을 입는 동남아시아 사람

무덥고 비가 많이 오는 동남아시아 지역에 사는 사람들은 아래에 치마처럼 두르는 '사롱'을 많이 입어요. 입고 벗기가 아주 편한 사롱은 날씨가 더워 목욕을 자주하는 동남아시아 사람들에게 편리해요. 또 한쪽이 터져 있어서 시원하지요.

말레이시아와 인도네시아, 캄보디아에서는 사롱이라고 부르는데, 미얀마에서는 '론지'라고 불러요. 남자와 여자 모두 입는데, 입는 방법은 달라요. 남자는 보통 양쪽 주름을 잡아 배꼽 쪽에서 틀어 묶고, 여자는 보통 반을 접어 옆구리 쪽에서 틀어 묶어요.

만타와 판초를 걸치는 안데스 인디오

안데스 고원 지대에는 잉카의 후예인 인디오가 옛날 전통을 지키며 살고 있어요. 지대가 높기 때문에 낮에는 서늘하다가도 해가 지면 기온이 영하로 뚝 떨어져요. 인디오들은 알파카, 라마, 양의 털로 짠 따뜻하고

만타로 짐을 쉽게 옮길 수 있고,

아기를 업을 수도 있어.

만타를 두른 인디오

질긴 옷을 입어요. 밝고 화려한 색깔로 물들이고 기하학적인 무늬를 짜 넣지요.

여자들은 무릎까지 내려오는 치마를 입고, 어깨에는 '만타'를 두르고, 모자를 써요. 만타는 어깨에 두르거나 머리에 쓰는 커다란 숄이에요. 물건을 운반하는 데도 쓰고, 아기를 업는 데도 써요.

남자들은 화려한 색깔의 판초를 입고 모자를 써요. 판초는 천 한가운데 커다란 구멍이 있는 옷으로, 그곳으로 머리를 내어 입어요. 안데스 고원 지대는 일교차가 심하기 때문에 안데스 인디오들은 늘 판초를 지니고 다니지요.

판초를 입은 인디오

파카와 장화를 신는 북극의 이누이트

추운 북극에 사는 이누이트는 영하 30도 아래로 내려가면 무릎까지 내려오는 가죽으로 만든 파카를 입고 장화를 신어요. 모자의 둘레도 털로 감싸서 따뜻하게 하지요.

이누이트가 빙산이나 바다로 사냥을 나갈 때는 순록 가죽으로 된 방수 파카를 입어요. 방수 파카는 바느질이 꼼꼼해야 돼요. 바느질한 틈으로 물이 들어오면 안 되니까요. 옛날 이누이트 여자들은 동물의 힘줄로 실을 만들어 바느질을 했어요. 옷이 물에 젖으면 힘줄이 부풀어 올라 바느질한 틈을 꽉 메꾸어서 물이 스며들지 않도록 한 거예요.

나도 순록 가죽으로 만든 파카를 입고 싶다.

파카를 입은 이누이트

종교에 영향을 받은 옷

종교는 사람들의 생활에 영향을 미쳐요. 특히 종교와 생활이 밀접한 곳에서는 종교의 규율에 따라 옷차림이 정해져 있는 경우가 많아요.

꿰매지 않은 하늘의 옷, 사리를 입는 힌두교도

인도 여자들은 '사리'를 많이 입어요. 사리는 자르거나 꿰매지 않은 한 장의 천으로 된 옷으로 힌두교도들은 꿰매지 않은 옷을 깨끗하다고 생각해요. 보통 길이가 5~6m쯤 되는데, 온몸을 휘감아서 왼쪽 어깨 뒤로 늘어뜨려 걸쳐요. 외출할 때나 기도할 때는 머리에 두르기도 해요.

인도 여자들은 보석이나 장신구를 좋아해요. 귀고리와 코걸이는 물론이고 팔지, 발찌, 발가락 반지까지 하지요. 이마 한가운데에는 '빈디'를 붙이고요. 빈디는 원래 결혼한 여자들이 이마에 찍는 붉은 점이었어요. 지금은 결혼하지 않은 여자들도 장식용으로 하고 다닌답니다. 인도 남자들은 한 장으로 된 흰색 천을 치마처럼 허리에 둘러 입는 '도티'를 입어요. 도티도 사리처럼 꿰매지 않은 깨끗한 옷이지요. 인도 사람들은 샌들을 신기도 하지만 맨발로 다니는 사람도 많아요.

도티를 입은 힌두교도

5K를 착용하는 시크교도

시크교는 15세기에 인도 펀자브 지역에서 일어난 종교예요. 지금도 펀자브 지역에 가면 시크교도를 많이 볼 수 있어요. 시크교 남자들은 시크교 공동체인 칼사에 들어가야 비로소 완전한 시크교도로 인정받아요. 칼사에 들어간 시크교도는 5K를 갖추어야 해요.

5K의 첫째는 '케시(Kesh)'로, 머리를 기르는 것을 말해요. 교리에 시크교도는 평생 머리카락을 자르지 않고 터번으로 감싸도록 되어 있어요. 수염도 함께 길러야 하지요. 신으로부터 받은 머리카락과 수염을 그대로 지키라는 가르침이에요. 둘째는 '캉가(kanga)'라는 빗이지요. 이 빗은 몸을 깨끗이 하는 것을 뜻해요. 셋째는 '키르판(kirpan)'이라는 칼이에요. 엄숙함, 힘, 용기를 상징해요. 시크교도는 단도를 몸에 지니고 다니면서 악에 대항할 것을 다짐하지요. 넷째는 손목에 차는 쇠팔찌인 '카라(Kara)'예요. 신에 대한 굳은 믿음을 상징해요. 다섯째는 무릎까지 오는 속바지인 '카차(Kaccha)'로 죄를 짓지 않겠다는 깨끗한 마음을 상징해요.

카라
캉가
키르판

베일 쓴 이슬람 여자

서남아시아와 북아프리카에 사는 사람들은 거의 대부분 이슬람교를 믿어요. 이슬람교도들은 헐렁한 원피스 모양의 긴 옷을 입고, 머리에는 두건이나 베일을 써요. 특히 여자들은 이슬람교 경전인 《쿠란》의 가르침에 따라 가족 이외의 남자에게 얼굴을 보여서는 안 돼요. 그래서 외출할 때에는 베일을 써야 해요. 베일은 지역, 민족, 종교적 성향에 따라 헤자브,

차도르, 니카브, 부르카 등 다양해요.

헤자브는 머리에 쓰는 스카프예요. 터키나 모로코 등 비교적 엄격하지 않은 이슬람 국가의 여성들이 써요. 차도르는 얼굴만 내놓고 몸 전체를 감싸는 베일로, 주로 이란 여성들이 많이 써요. 니카브는 눈만 빼고 얼굴 전체를 가리는데, 파키스탄 여성들이 많이 쓰지요. 부르카는 눈까지도 가리는 베일이에요. 눈 부분은 망사로 되어 있어 망사 사이로 밖을 볼 수 있어요. 아프가니스탄 사람들과 베두인 족이 주로 쓰지요.

이슬람교를 믿지만 베일을 쓰지 않아도 되는 나라도 있어요. 인도네시아나 말레이시아의 이슬람교도들은 베일을 거의 쓰지 않아요. 기후가 덥고 습해서 베일을 쓰면 생활하기 힘들기 때문이에요.

헤자브를 쓰고 올림픽에 참가했다고요?

이슬람교를 믿는 국가에서는 여성들이 사회생활을 할 때도 헤자브를 써야 해요. 올림픽과 같은 세계적인 경기에 나갈 경우에도 마찬가지예요. 어떤 사람들은 헤자브가 여성의 자유를 억압한다고 생각해요. 하지만 이슬람교도들은 여성을 보호하려는 이슬람의 오랜 전통에서 비롯된 거라고 말해요.

헤자브를 쓴 이슬람 여자 선수 ▶▶▶

아시아의 전통 옷

나라마다 그 나라 사람들이 입는 전통 옷이 있어요. 전통 옷에는 그 나라의 고유한 문화와 예술이 담겨 있어요.

만주족이 입던 치파오

중국을 대표하는 전통 옷인 '치파오'는 원래 만주족이 입던 옷이지요. 청나라를 세운 만주족이 중국 본토를 지배하면서 치파오를 입기 시작했다고 해요. 치파오는 몸에 꼭 달라붙는 드레스로, '차이나드레스'라고 부르기도 해요. 차이니스칼라라고 부르는 짧은 깃이 목 아래를 둘러싸고 있는 게 특징이지요. 치마 옆쪽은 길게 트여 있어요.

치파오는 원래 품이 넉넉한 옷으로 활동하기 편한 옷이었지만 서양의 영향을 받아 몸에 달라붙는 드레스가 됐어요.

치파오는 청나라 때 옷이야.

치파오를 입은 중국 사람

긴 자락이 우아한 베트남의 아오자이

베트남 어로 '아오'는 '옷', '자이'는 '길다'라는 뜻으로, 베트남의 전통 옷인 '아오자이'는 말 그대로 원피스처럼 긴 옷이에요. 아오자이의 웃옷은 중국의 전통 옷인 치파오의 영향을 많이 받아 비슷해 보여요. 목깃도 짧고 옷에 트임이 있지요. 치파오는 한쪽으로 트여 있지만 아오자이는 양쪽 옆으로 길게 트여 있어요. 더운 기후 때문에 시원하고 활동하기 편하도록 한 거지요. 치마 속에는 바지를 입고, 바지도 통을 넓게 하여 움직이기 편하도록 했어요.

베트남에서는 지금도 아오자이를 많이 입어요. 하얀 아오자이를 교복으로 입는 학교도 많지요. 삿갓 모자 모양의 '논 라'를 머리에 함께 쓰기도 하지요. 결혼하기 전에는 흰색을, 결혼한 뒤에는 색깔이 있는 아오자이를 입지요.

아오자이를 입은 베트남 사람

입는 절차가 까다로운 일본의 기모노

일본의 전통 옷은 '기모노'예요. 입는 절차가 까다롭고 비싸기 때문에 일상생활에서는 거의 입지 않고 결혼식이나 명절 같은 특별한 날에만 입어요.

기모노를 입을 때는 단추나 끈을 쓰지 않고, 왼쪽 옷자락으로 오른쪽 옷자락을 덮어 허리에 '오비'를 감아 옷을 여며요. 발에는 일본식 버선인 '다비'를 신고, 나무로 만든 '게다'를 신지요.

기모노를 입은 일본 사람

서아시아와 아프리카의 전통 옷

온몸을 감싸는 사우디아라비아의 도브와 아바야

사우디아라비아의 옷은 뜨겁고 건조한 사막 기후와 이슬람교의 영향을 강하게 받았어요.

남자들은 '도브'라는 흰 면으로 된 긴 드레스 모양의 옷을 입고, 머리는 '카피에'를 쓰고, 그 위에 검은색 링 모양의 '아갈'을 얹어 고정시켜요. 독특한 두건인 카피에는 사우디아라비아 남자 옷의 가장 큰 특징이기도 해요. 이슬람교를 믿는 다른 나라 남자들은 거의 대부분 머리에 긴 천을 여러 번 감아서 고정시키는 터번을 써요. 여성들은 온몸을 감싸는 검정색 옷인 '아바야'를 입고, 베일을 써요. 구슬이나 자수, 술 장식을 한 아름다운 베일도 있어요.

위엄과 권위의 상징, 가나의 켄테

가나 남자들은 특별한 날이나 큰 행사가 있을 때 고대 로마 사람들이 입었던 옷과 비슷한 '켄테'를 입어요. 켄테는 가나 말로 바구니를 뜻하는 '켄텐'에서 나왔는데, 바구니를 엮듯 길고 폭이 좁은 천들을 엮어서 손으로 직접 짠 고급스러운 천을 가리키지요.

켄테는 가나에서 가장 큰 민족인 아산티 족의 왕이 몸에 두르던 천이에요. 아산티 왕과 추장들은 금으로 장식하고 특별하게 짠 켄테를 몸에 두르고 위엄과 권위를 과시했지요.

켄테는 노란색, 파란색, 초록색, 빨간색, 검은색 등 여러 색으로 짜요. 색마다 상징이 있지요. 노란색은 금, 파란색은 바다, 초록색은 신성함, 빨간색은 분노, 검은색은 슬픔을 상징한답니다.

도브를 입고 카피에를 쓴 사우디아라비아 남자

켄테를 입은 가나 대통령

유럽의 전통 옷

헝가리의 아름다운 보디스와 앞치마

헝가리의 전통 옷은 남자 옷과 여자 옷 모두 유럽에서 가장 아름다운 옷으로 꼽혀요. 특히 꽃무늬 자수가 아름답기로 유명하지요.

여자들은 블라우스에 몸에 꼭 맞게 입는 조끼 모양의 옷인 '보디스'를 입어요. 치마 속에는 속치마를 여러 겹 입어서 치마를 부풀리고 앞치마를 둘러요. 유럽에서는 앞치마를 예쁘게 만들어서 여자들의 옷차림에 멋을 더하지요. 특히 헝가리의 앞치마는 화려한 꽃무늬 자수를 놓아서 아름답기로 유명해요.

남자들은 바지에 검은 부츠를 신고 가슴 부분에 화려한 색깔의 꽃무늬가 수놓인 셔츠에 짧은 조끼를 입지요. 자유로우면서도 예술가적인 헝가리 사람들의 기질을 엿볼 수 있어요.

보디스를 입은 헝가리 사람

동화 속 요정이 입는 옷처럼 생겼어.

체크무늬 천으로 만든 스코틀랜드의 킬트

'킬트'는 스코틀랜드 남자들이 입는 전통 옷으로, 무릎 정도 길이의 짧은 주름치마예요. '타탄'이라고 하는 체크무늬 천으로 만들어요.

옛날 스코틀랜드에서는 가문마다 타탄의 체크무늬가 달랐어요. 그래서 킬트의 체크무늬를 보면, 어느 집안 사람인지 알 수 있었지요. 킬트는 유럽의 남자 옷 중에서 가장 색다르다고 할 수 있어요.

킬트를 입을 때에는 긴 양말에 은으로 장식된 모직 모자를 쓰고, '스파런'이라는 작은 가죽 지갑을 허리에 차요. 스파런은 장신구이자 옛날 전쟁터에서 몸을 보호해 주었다고 해요.

스코틀랜드 사람들은 킬트를 자랑스럽게 여겨요. 군악대의 제복으로도 입고, 축제나 행사 때는 물론 일상복으로도 종종 입어요.

남자들도 짧은 치마를 입네.

킬트를 입은 스코틀랜드 사람

2 세계의 옷 이야기

아메리카의 전통 옷

하나의 천으로 만든 멕시코의 우이필

우이필

솜브레로

멕시코는 아메리카에서 문화가 가장 발달됐던 아스테카 문명을 꽃피웠던 곳이에요. 1521년부터 에스파냐의 지배를 받으면서 에스파냐 문화의 영향을 받았어요. 그러나 여전히 많은 부족이 자신들의 전통을 지키며 살고 있어요.

멕시코 여자는 폭이 넓은 천을 반으로 접어서 머리와 팔을 끼울 수 있도록 구멍을 뚫어 만든 '우이필'을 즐겨 입어요. '레보소'라는 천으로 얼굴을 가리거나 머리에 쓰기도 해요.

남자들은 챙이 넓고 끝이 말려 올라간 '솜브레로'라는 모자를 즐겨 써요. 멕시코의 뜨거운 햇볕을 막는 데 안성맞춤이지요. 추울 때는 판초를 걸치지요. 판초는 쉽게 입었다 벗었다 할 수 있어 일교차가 심한 날씨에 안성맞춤이에요.

우이필을 입은 멕시코 사람

가우초가 입던 아르헨티나의 가우초

'가우초'는 백인과 인디오의 혼혈로 아르헨티나의 대초원에 살며 유목 생활을 하던 목동이에요. 가우초들이 입는 옷도 가우초라고 불러요. 가우초는 말을 타기 편리하도록 만든 옷이에요. '붐바차'라는 헐렁한 바지를 입고 바지 끝은 부츠 속에 끼어 넣고, '치리파'라고 하는 천을 허리에 감아 벨트 속에 집어넣었어요. 위에는 셔츠 위에 판초를 걸치고 챙이 넓은 가우초 모자를 썼지요.

가우초들은 뛰어난 말 타기 실력으로 아르헨티나 독립에도 큰 역할을 했어요. 아르헨티나 독립 기념일에는 아르헨티나 사람들이 가우초를 입고 행진하는 모습을 볼 수 있지요. 오늘날에도 아르헨티나 초원에는 가우초를 입은 사람을 많이 볼 수 있어요. 가우초는 아르헨티나의 대표적인 전통 의상으로 사랑받고 있지요.

1868년의 가우초

가우초는 말을 타기 편리하도록 만든 거야.

아르헨티나 독립 기념일에 행진하는 가우초

몸에 왜 장식을 할까요?

누구든 좀 더 멋지고 예뻐 보이고 싶은 마음은 같아요. 그래서 어떤 민족은 귀나 코, 입술에 장식을 하고, 어떤 민족은 문신을 새겨요.

기다란 귀에 화려한 색깔 구슬 장식

주로 케냐와 탄자니아에서 사는 마사이 족은 남자와 여자 모두 커다란 구멍이 난 기다란 귀가 자랑거리예요. 마사이 족은 10살쯤 되면 귓불을 찢어 굵은 나무를 꽂아 구멍을 만들고는 구멍에 쇠붙이를 매달아 귀를 늘여요. 그러면 구멍이 커지면서 귓불이 점점 늘어나게 돼요. 귀만 보고도 마사이 족인 걸 알 수 있어요.

귀에 만든 커다란 구멍에는 여러 가지 색깔의 구슬을 꿰어 만든 마사이 전통 구슬 장신구를 달아요. 목과 머리, 손목과 발목에도 화려한 구슬 장식을 몇 겹으로 두르지요.

클수록 아름다운 입술 원반

에티오피아의 수르마 족 여자들은 입술에 끼워진 원반을 자랑스럽게 생각해요. 입술에 원반을 끼워 넣는 일은 오래 걸리고, 참을성도 많이 필요해요.

처음에는 아랫입술을 찢어 그 안에 작고 평평한 원반을 집어넣어요. 일

주일이 지나 입술이 늘어나면 조금 더 큰 원반으로 바꾸어 끼우면서 차차 원반 크기를 늘려가지요. 수르마 족 여자들은 원반 크기가 크면 클수록 아름답다고 여겨요. 입술뿐만 아니라 귓불에도 구멍을 내 작은 원반을 끼우지요.

옛날에는 나무를 깎아 입술 원반을 만들었지만 요즘에는 둥그렇게 흙을 구워 만들어요. 밥을 먹을 때나 잠잘 때, 여자들끼리만 있을 때는 입술 원반을 빼놓을 수 있어요. 그러면 입술이 아래로 축 늘어지지요. 하지만 남자가 있을 때에는 입술 원반을 하고 있어야 해요. 수르마 족에게 입술 원반은 아름다움의 상징이기 때문이에요. 그래서 수르마 족 여자를 '접시 여인'이라고 부르기도 해요.

귀에 커다란 구멍을 뚫고 장식한 마사이 족

입술 원반을 낀 수르마 족

2 세계의 옷 이야기

긴 목에 고리 장식

미얀마에 사는 카렌 족은 사슴처럼 목이 긴 여자를 아름답다고 여겨요. 카렌 족 여자들은 긴 목을 만들기 위해 다섯 살 무렵부터 목에 동으로 만든 링을 끼우기 시작해요.

5년마다 3개 정도의 링을 목에 더 끼워요. 이때 발목과 팔목에도 고리를 함께 끼기 시작하지요. 결혼할 때쯤 되면 고리가 20개쯤 끼워지는데, 목의 길이가 25cm가량 되어요. 목에 낀 고리의 무게는 10kg 정도예요. 고리가 무거워 걸음도 제대로 걷기가 힘들 정도예요. 요즘은 카렌 족 여자들이 목에 고리를 끼우고 생활하는 모습은 거의 찾아볼 수 없어요.

그렇지만 카렌 족 여자들은 전통에 대한 자부심이 강하답니다. 오래된 전통을 소중하게 여기기 때문이에요.

목에 고리를 끼고 있는 카렌 족

어린이에서 어른으로, 문신 새기는 풍습

뉴질랜드에 사는 마오리 족은 오래전부터 문신을 새기는 풍습이 있어요. 남자는 얼굴 전체에 문신을 해요. 여자들은 입술과 턱에만 문신을 하지요. 붉은 입술을 못생겼다고 생각해서 입술에 푸른색 문신을 하지요.

지위가 높을수록 복잡하고 정교한 문신을 새겼어요. 부족장들은 자신의 문신 모양을 서명으로 쓰기도 했어요. 마오리 족은 문신을 새기는 의식을 중요하게 여겨요. 문신을 새기는 것이 어린이에서 어른이 됐다는 뜻이었거든요. 문신은 완성되는 데 몇 년이 걸리기도 하지요.

뉴기니아의 세픽 족도 성인식 때 어깨나 몸에 악어가죽처럼 오톨도톨한 문신을 새겨요. 세픽 족은 자신들의 조상이 악어라고 믿어요. 문신을 새겨야 악어의 영혼을 가지고 다시 태어난다고 생각한답니다.

얼굴에 문신을 한 마오리 족

세계 여러 나라의 전통 의상

전통 의상은 나라와 민족의 상징으로 자연환경이나 종교, 역사에 따라 나라마다 달라요. 전통 의상을 보면 나라와 민족을 알 수 있지요.

중국 먀오 족의 전통 옷

먀오 족은 여기저기 흩어져 있어서 옷차림이 다양해요. 보통 화려한 자수, 은장식, 주름 장식이 특징이에요.

에스파냐의 플라멩코 의상

에스파냐 안달루시아 지방의 전통 옷이에요. 플라멩코라는 춤을 출 때 입지요. 색깔이 화려하고 프릴과 레이스가 풍부해요.

이집트의 갈라비야

이집트 남자들은 '갈라비야'라고 하는 길고 헐렁한 옷을 입고 머리에는 터번이나 붉은 터키식 모자를 써요.

3장
우리의 음식 이야기

우리 밥상에는 밥과 국, 반찬이 빠지지 않아요. 김치와 장도 빠지지 않지요. 우리 조상들은 오래전부터 밥과 국, 반찬으로 이루어진 음식을 먹었어요. 우리 땅과 강, 바다에서 나는 재료를 이용해서 다양한 음식을 만들어 먹었지요. 또한 특별한 행사가 있을 때마다, 절기가 돌아올 때마다 특별한 음식을 만들어 이웃과 나누어 먹었어요. 맛과 멋이 뛰어난 우리 음식, 이제 세계로 뻗어 가는 우리 음식에 대해서 알아보아요.

우리 민족은 어떤 음식을 먹었어요?

아주 오랜 옛날에는 배가 고프면 산과 들에서 나무 열매나 뿌리를 캐어 먹거나 짐승을 잡아먹었어요. 강과 바다에서는 물고기와 조개를 잡아먹었지요. 모든 음식은 날것으로 먹었어요. 익히지 않은 고기는 질겨서 씹기 어렵고, 맛도 없었지요.

불의 발견과 농사의 시작

사람들이 불을 발견하면서 음식을 익혀 먹기 시작했어요. 익힌 음식은 따뜻하고 맛있을 뿐만 아니라 건강도 지켜 주었지요. 하지만 구석기 시대에는 주변의 먹을거리가 떨어지면 다른 곳으로 옮겨 가야만 했어요. 추운 겨울에는 종종 굶기도 했지요.

빗살무늬 토기

신석기 시대 사람들은 강가나 바닷가에 움집을 짓고 살면서 조개와 물고기를 잡아먹었어요. 신석기 시대에 농사가 시작됐어요. 조, 수수, 기장과 같은 곡식을 키우기 시작했지요. 이제 사람들은 더 이상 떠돌아다니며 사냥할 필요가 없게 되었어요.

토기가 발명되면서 음식을 끓여서 먹을 수 있게 되었어요. 곡식도 끓이고, 고기나 생선도 삶아 국물과 함께 먹을 수 있었지요. 또 토기는 곡식이나 음식도 오랫동안 보관할 수 있게 해 주어서 필요할 때마다 조금씩 꺼내 먹을 수 있게 되었어요.

발효 식품을 잘 만든 삼국 시대

삼국 시대에 무쇠로 된 가마솥이 만들어지면서 지금처럼 밥을 지어 먹기 시작했어요. 이전에는 곡식을 끓여 먹거나 쪄 먹었어요. 삼국 시대 사람들은 주로 조, 수수, 보리, 콩 등으로 지은 잡곡밥을 먹었어요. 벼도 재배했지만 귀해서 쌀밥은 왕이나 귀족들만 먹을 수 있었지요.

고구려 시대 부엌

삼국 시대는 발효 식품이 발달했어요. 김치와 된장, 간장 같은 발효 식품을 밥과 함께 먹었지요. 김치는 무나 가지, 오이 등을 장아찌처럼 소금에 절인 거였어요. 된장, 간장은 콩을 발효시켜 만들었어요. 간장은 고기를 절이는 데에도 쓰였어요. 고구려의 대표 음식인 '맥적'은 고기를 통째로 간장에 담갔다가 마늘과 부추 같은 양념을 발라 구운 음식이에요.

차를 즐겨 마신 고려 시대

고려 시대는 불교의 영향으로 고기 대신 채소를 많이 먹었어요. 불교에서는 고기를 먹는 걸 금지했기 때문이에요. 상추 같은 채소에 밥을 싸 먹는 쌈도 인기였지요.

또한 불교의 영향으로 차 문화가 발달했어요. 찻잔과 주전자 같은 도자기 빚는 솜씨도 함께 발달했지요. 우리 민족의 자랑인 고려청자도 이때 만들어졌어요.

고려 시대 찻잔

차와 함께 과자도 발달했어요. 특히 곡식 가루에 꿀을 섞고 발라서 만든 '유밀과'를 좋아했어요. 과자 모양을 과일이나 동물 모양으로 만들어 제사 때 과일이나 고기 대신 놓기도 했지요. 고려 후기에 들어오면서 원나라의 영향으로 고기 먹는 풍습이 다시 생겨났어요.

신분에 따라 나뉘는 조선 시대 밥상

조선 시대에는 예의와 격식을 따지는 유교의 영향으로 상차림도 신분에 따라 달랐어요. 또 돌잔치, 혼례식, 장례식, 제사 등 행사에 어울리는 상차림의 형식도 갖추어졌지요. 명절이나 절기에 따라 다양한 음식을 즐겼고, 지방에 따라 즐겨 먹는 음식도 달랐어요.

조선 후기에 다른 나라에서 다양한 식재료가 들어왔어요. 고추, 감자, 고구마, 호박, 옥수수, 땅콩이 들어왔지요. 그중 고추는 우리 식생활을 크게 바꾸어 놓았어요.

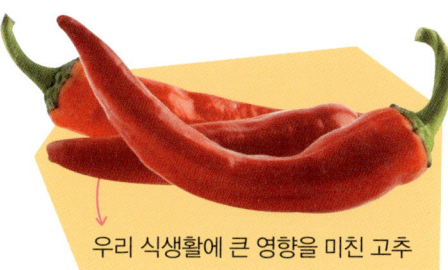
우리 식생활에 큰 영향을 미친 고추

궁금증 해결사

왕은 하루에 다섯 끼를 먹었다고요?

조선 시대 왕은 하루에 다섯 번 식사를 했어요. 왕의 밥상은 '수라'라고 해요. 아침에 일어나 6시쯤에 하는 '초조반' 때에는 죽이나, 미음, 보약을 먹었어요. 아침 10시경에 정식으로 아침 식사를 했어요. 반찬이 12가지나 됐지요. 점심은 '낮것'이라고 했는데, 국수나 만두 또는 차와 과자, 떡만 먹었어요. 저녁에 하는 '저녁 수라'는 아침 수라와는 다른 음식들이 차려졌어요. 자기 전에는 간단한 죽이나 수정과, 과일 등으로 '야참'을 먹었지요.

우리 밥상의 기본, 밥과 국

옛날부터 우리나라 밥상에 하루도 빠지지 않는 음식이 있어요. 바로 밥과 국이에요. "밥이 보약이다."라는 말이 있을 정도로 우리 민족은 밥을 가장 중요하게 생각했어요. 옛날에는 밥을 많이 먹어야 힘을 내서 힘든 농사일도 잘할 수 있었거든요.

우리 민족은 밥 짓는 솜씨가 뛰어나 다른 나라에도 널리 알려질 정도였어요. 청나라의 장영이 지은 《반유십이합설》이라는 책에는 "조선 사람들은 밥 짓기를 잘한다. 밥알에 윤기가 있고, 부드러우며 향긋하고 또 솥 안의 밥이 고루 익어 기름지다."라는 기록이 있어요.

우리 민족은 밥을 많이 먹었어요. 지금 밥그릇보다 두 배나 되는 밥그릇에 밥을 수북이 쌓아 담았어요. 조선 시대 실학자 홍대용이 중국에 다녀와서는 중국 밥그릇이 찻잔만 하다고 했을 정도지요. 조선 시대에 우리나라에 왔던 외국인들은 커다란 밥그릇에 수북이 담긴 밥을 김치와 간장만으로 먹는 우리나라 사람을 보고 놀랐다고 해요.

조선 시대 밥그릇과 국그릇

또한 우리 민족은 국을 좋아했어요. 밥그릇 옆에는 국그릇이 항상 따라다녔지요. 일본과 중국에도 국이 있지만 우리나라처럼 가짓수가 많지 않아요. 옛날에는 고기가 귀했기 때문에 국을 끓여서 적은 양의 고기를 여러 사람이 나눠 먹었어요. 소고기, 돼지고기, 닭고기 등을 국거리로 썼어요. 살코기뿐만 아니라 뼈와 내장도 좋은 국거리였지요. 생선, 조개 등의 해산물과 호박, 배추 등의 채소 또는 시래기, 무말랭이 등의 말린 채소들도 좋은 국거리였어요.

궁금증 해결사

신선로를 먹으면 신선이 되나요?

신선로는 쇠머리를 끓인 국물에 고기와 채소, 해산물, 은행·잣·호두·밤 같은 과실류를 둘러 넣고 조리하며 먹는 음식이에요. 조선 시대 연산군 때 정희량이라는 사람이 산속에 살면서 상 위에 놓고 음식을 끓일 수 있는 그릇을 만들어 여러 가지 나물을 섞어 끓여 먹다가 신선이 되었대요. 그 뒤 사람들이 정희량이 만들어 먹은 음식을 '신선로'라고 부르게 되었다는 이야기가 전해 내려와요.

신선로 ▶▶▶

우리 민족의 상징, 김치

우리 밥상에는 일 년 내내 김치가 빠지는 법이 없어요. 김치는 단순한 음식이 아니에요. 김치는 우리 민족만이 가지고 있는 고유한 민족 문화이고, 우리 문화를 세계에 알리는 우리 민족의 상징이에요.

김치는 삼국 시대부터 먹었어요. 겨울철에 채소를 먹을 수 있는 방법을 찾다가 채소를 소금에 절이면 오래 먹을 수 있다는 걸 알게 된 거지요. 김치는 옛날에는 '침채'라고 불렀어요. '담근 채소'라는 뜻이지요. 말 그대로 무나 오이, 가지, 파를 소금에 절였어요. 고춧가루에 버무린 배추김치는 조선 후기에 중국에서 배추가 들어오고, 일본에서 고추가 들어오면서부터 만들기 시작했어요.

김치는 지역에 따라 고유한 김치가 있고, 특징도 달라요. 북쪽 지방의 김치는 심심하고, 전라도의 김치는 맵고, 경상도의 김치는 짠 것이 특징이지요.

'김치만 있으면 겨우내 반양식'이라는 말이 있어요. 예나 지금이나 겨우내 먹는 김치를 한꺼번에 담그는 '김장'은 매우 중요한 행사예요. 김장은 본격적으로 추워지기 전에 했어요.

김장 때는 한꺼번에 김치를 많이 담고, 또 여러 가지 김치를 담아야 하기 때문에 일손이 많이 필요해요. 그래서 이웃끼리 품앗이를 하며 서로 도왔답니다.

배추김치 담그는 순서

1. 배추를 씻어 포기를 갈라요.
2. 소금에 절여요.
3. 무채를 준비해요.

4. 파, 고춧가루 등 소의 양념을 준비해요.
5. 소를 버무려요.
6. 배추에 소를 넣어요.

메주로 만드는 된장, 간장, 고추장

'음식 맛은 장맛'이라는 말이 있어요. 우리나라 사람들은 음식을 할 때 장을 많이 써요. 국을 끓일 때도, 생선을 조릴 때도 장을 넣지요. 장은 음식의 맛을 내는 양념이지만 반찬이 궁할 때는 반찬이 되기도 했어요.

발효 음식의 첫 번째 비밀, 누룩곰팡이

장에는 간장, 고추장, 된장이 있어요. 장은 콩을 소금에 발효시킨 음식이에요. '콩은 밭에서 나는 고기'라고 할 만큼 영양이 풍부하지요. 고기가 귀했던 옛날에 장은 아주 중요한 음식이었어요. 장은 모두 콩을 삶아 빚은 메주로 만들어요. 장맛이 좋으려면 먼저 메주를 잘 띄워야 해요.

옛날에는 집집마다 처마에 메주를 매달아 놓았어요. 이렇게 한 달쯤 매

메주 말리기

달아 놓으면 바깥에 누룩곰팡이가 피어요. 이것을 '메주 꽃이 피었다.'고 하지요. 다시 따뜻한 아랫목에 보름 정도 두면 누룩곰팡이가 메주 속까지 앉아요. 누룩곰팡이가 잘 피어야 맛 좋고 영양가 높은 장이 돼요. 발효 음식의 첫 번째 비밀은 바로 누룩곰팡이에요.

　옛날 사람들은 장을 담그는 일을 무척 중요하게 생각했어요. 장맛이 일 년 동안의 음식 맛을 좌우하거든요. 장 담그는 날이 가까워지면 나쁜 기운이 들어오지 못하도록 대문에 금줄을 치고, 이웃도 들어오지 못하게 했어요. 장을 담그는 사람은 사흘간 바깥출입도 하지 않았지요. 장 담그는 날에는 맛있는 장을 만들 수 있게 해 달라고 고사를 지냈어요.

　메주를 항아리에 넣고 소금물을 넣어 숙성시킨 게 간장이에요. 간장은 모든 음식의 간을 맞추는 아주 중요한 양념이지요. 간장을 만들고 남은 건더기를 소금과 반죽한 것이 된장이에요. 메주를 가루로 내어 찹쌀밥과 고춧가루를 넣어 만든 것이 고추장으로, 고추장은 조선 후기에 고추가 들어오면서부터 먹기 시작했어요.

간장　　　　　　　고추장

메주로 된장, 간장, 고추장을 모두 만드는 거구나.

발효 음식의 두 번째 비밀, 숨 쉬는 항아리

 장을 보관하는 일도 장 담그는 일 못지않게 중요했어요. 장은 '항아리'에 보관했어요. 항아리는 '옹기'라고도 해요. 항아리에는 우리 눈에 보이지 않는 아주 작은 구멍이 수없이 뚫려 있어요. 이 작은 구멍 덕분에 최고의 발효 음식이 만들어지는 거예요. 항아리에 있는 작은 구멍들을 통해 공기가 드나들어서 미생물이 활동할 수 있어요. 그래서 항아리를 '숨 쉬는 그릇'이라고 하고, 장을 항아리에 담지요. 장뿐만 아니라 술이나 젓갈, 김치 같은 발효 음식은 모두 항아리에 담아요.

 발효 음식의 두 번째 비밀은 바로 숨 쉬는 항아리예요. 발효 식품의 맛

햇볕이 잘 들고 바람이 잘 통하는 곳에 만드는 장독대

과 영양을 지켜 주는 숨 쉬는 항아리 덕분에 우리나라가 발효 음식을 잘 만드는 나라가 될 수 있었지요.

간장, 된장, 고추장을 담는 항아리를 '장독'이라고 해요. 장독은 햇볕이 잘 들고 바람이 잘 통하는 마당에 만든 장독대에 보관했어요. 장은 장독에 오래 두고 묵힐수록 맛이 깊어지지요.

어느 집안에서나 장이 담겨 있는 장독을 극진히 위했어요. 햇볕이 좋은 낮에는 장독 뚜껑을 열었다가 해가 지면 덮고 비와 눈을 맞지 않도록 조심했어요. 아침저녁으로는 깨끗이 닦았고요.

장독 아가리 둘레는 새끼를 꼬아 만든 금줄을 둘렀어요. 장맛을 망치는 못된 잡신을 막기 위해서였지요. 옛날에는 금줄이 나쁜 귀신을 막아 준다고 생각했거든요. 장독 배에는 버선본을 거꾸로 매달아 놓았어요. 장독에 몰래 들어가려던 귀신들이 버선본을 보고 놀라 달아난다고 믿었기 때문이에요.

다른 나라에도 발효 음식이 있다고요?

다른 나라에서는 소나 양 등의 젖으로 만든 발효 음식이 많아요. 요구르트와 치즈가 대표적이에요. 치즈는 동물의 젖 속에 있는 단백질을 뽑아 응고·발효시킨 음식이에요. 요구르트는 우유나 양젖 따위를 살균하여 반쯤 농축하고 유산균을 번식시킨 음식이에요. 이 밖에도 포도주와 맥주 같은 술도 발효 음식이에요.

절기에 먹는 음식
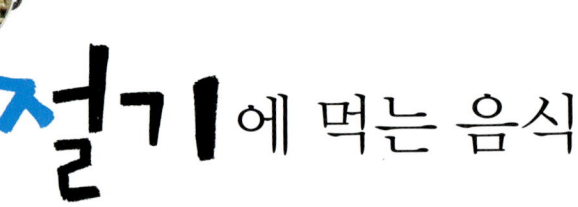

우리 민족은 대대로 농사를 지으며 살았어요. 그래서 나라와 마을, 집안의 중요한 일이 모두 농사에 맞춰져 있었지요. 농사를 시작하거나 수확할 때에는 마을 사람들과 온 가족이 모여 잔치를 벌였어요. 음식을 준비하여 신과 조상에게 제사를 지내며 풍년을 기원하였고, 그 음식을 나누어 먹었지요.

떡국 한 그릇에 나이 한 살 먹는 설날 (음력 1월 1일)

설날은 새로운 해를 시작하는 날로, 여러 가지 음식을 차려 놓고 조상께 차례를 지내요. 설날 제사상에는 밥 대신 떡국을 올리지요. 설날에는 어른들께 세배를 올리고, 설음식과 떡국을 먹어요.

떡국

떡국 한 그릇을 먹으면 한 살 더 먹는다는 말이 있어요. 그래서 어린아이에게 몇 살이냐고 물을 때 "떡국 몇 그릇 먹었냐?"라고 묻기도 하지요. 떡국은 지방마다 조금씩 달랐어요. 개성 지방에서는 조랭이떡국, 충청도에서는 생떡국, 북쪽 지방에서는 만둣국을 많이 먹었어요.

설날에 세배 오는 손님들을 위해서 전, 과자, 약과, 다식, 수정과, 식혜 등을 만들어 대접하지요.

오곡밥에 아홉 가지 나물 먹는 대보름 (음력 1월 15일)

대보름은 일 년 중 첫 보름달이 뜨는 날로, 사람들은 보름달을 보며 한 해의 풍년을 빌었어요. 보름날에는 '오곡밥'과 아홉 가지 묵은 나물, 약식, 부럼, 귀밝이술을 먹으면서 한 해의 건강과 평화를 빌었어요.

오곡밥

오곡밥은 찹쌀, 수수, 팥, 조, 콩, 보리, 기장 중에서 다섯 가지 곡식으로 지은 밥이에요. 여기에 지난해에 말려 둔 호박, 가지, 박오가리, 버섯, 곰취, 시래기 등 아홉 가지 나물을 함께 먹었지요. 오곡밥은 하루에 아홉 번 먹어야 일 년 내내 건강하다고 했어요.

대보름날 새벽에 사람들은 "일 년 열두 달 동안 무사태평하고 종기나 부스럼이 나지 않게 해 주십시오."라고 빌며 밤, 호도와 같은 '부럼'을 깨물었어요. 그러면 한 해 동안 부스럼이 생기지 않는다고 했지요. 또 아침을 먹기 전에는 데우지 않은 찬 술을 마셨는데, 이 술을 '귀밝이술'이라고 해요. 귀밝이술을 마시면 귀가 밝아지고 일 년 내내 좋은 소리를 듣게 된다고 했어요.

진달래화전 먹는 삼짇날 (음력 3월 3일)

삼짇날은 봄을 알리는 명절이에요. 강남 갔던 제비가 돌아와 추녀 밑에 제비집을 짓고, 뱀이 긴 겨울잠에서 깨어나 나오기 시작하는 날이라 하지요. 이 무렵이면 산과 들에 꽃이 피기 시작하고 나비도 날아들어요.

삼짇날이 되면 남자들은 봄의 자연을 노래하거나 시를 읊으며 즐겼어요. 여자들은 산과 들로 나가서 진달래를 따서는 찹쌀 반죽에 꽃을 장식한 '진달래화전'을 부쳐 먹으며 놀았지요. 진달래화전은 모양이 예쁠 뿐만 아니라 은은하게 꽃향기도 풍겨, 멋과 향을 더하는 우리 고유의 음식이에요.

진달래화전

수레바퀴 모양의 수리취떡 먹는 단오 (음력 5월 5일)

예전에는 단오가 큰 명절이었어요. 조선 시대에는 설날, 추석과 더불어 '3대 명절'로 꼽혔지요. 모내기를 끝내고 풍년을 기원하며 고사를 지내던 전통도 있어요.

단오가 되면 여자들은 창포물에 머리를 감고, 고운 옷을 입고서 그네를 뛰며 놀았어요. 남자들은 씨름을 하며 놀았지요. 단오에는 '수리취떡'을 만들어 먹었어요. 수리취떡은 쑥이나 수리취를 뜯어다 멥쌀가루와 섞어서 수레바퀴 모양으로 만든 떡이에요. 둥근 수레바퀴처럼 농사일도 잘 굴러가라는 뜻이지요. 수리취떡의 모양이 수레바퀴처럼 생겼다고 해서 단오를 '수릿날'이라고도 해요.

수리취떡

단오에는 남자들은 씨름을 하고, 여자들은 그네를 타고 놀았대.

단오에 씨름하는 모습

삼계탕 먹는 삼복 (음력 6월에서 7월 사이)

우리나라는 초복, 중복, 말복이 지나가는 음력 6월에서 7월 사이가 가장 더울 때예요. 복날은 10일 간격으로 들기 때문에 초복에서 말복까지는 20일이 걸려요. 이때를 '삼복더위'라고 하지요.

복날이 되면 여자들과 아이들은 수박과 참외를 먹었고, 남자들은 술과 음식을 준비해 산을 찾아 계곡에 발을 담그고 더위를 잊었어요.

삼복 때에는 더위에 허약해진 몸을 보신할 수 있는 음식들을 먹었어요. 잘사는 사람들은 쇠고기를 끓인 육개장을 먹고, 백성들은 닭에 인삼과 대추, 찹쌀을 넣고 푹 고아서 끓인 삼계탕을 먹었지요.

삼계탕

반달처럼 생긴 송편 먹는 추석 (음력 8월 15일)

추석은 '한가위'라고도 불러요. 한가위의 '한'은 '크다'라는 뜻이고 '가위'는 '8월의 가운데' 또는 '가을의 가운데'를 뜻하는 말이에요. 그러니까 '한가위'는 '가을의 한가운데 있는 큰 날'이라는 뜻이지요. 설날과 더불어 일년 중 제일 큰 명절이에요.

송편

추석 무렵에는 농사일도 거의 끝나고 봄부터 여름까지 가꾼 곡식과 과일을 거둬들이기 시작하지요. 추석에는 햅쌀로 밥을 짓고, 송편을 빚고, 술을 빚어 차례를 지냈지요.

송편은 햅쌀로 만들어요. 햅쌀가루를 따뜻한 물로 반죽하지요. 쑥과 송기(소나무 속껍질)를 곱게 찧어서 반죽을 할 때 넣기도 해요. 반죽이 되면 풋콩, 깨, 밤, 대추 같은 소를 넣어 반달 모양으로 빚어서, 시루에 솔잎을 켜켜이로 놓고 찌지요. 솔잎 때문에 송편에서는 은은한 소나무 향이 나요.

예부터 결혼 안 한 여자가 송편을 예쁘게 빚으면 좋은 신랑을 만나고, 아기를 가진 여자가 송편을 예쁘게 빚으면 예쁜 딸을 낳는다고 하여 송편을 예쁘게 빚으려고 노력했답니다.

팥죽 먹는 동짓날 (양력 12월 22일이나 12월 23일)

동지는 일 년 중 밤이 가장 길고 낮이 가장 짧은 날이에요. 동지가 지나면 낮의 길이가 다시 길어지지요. 옛날 사람들은 이날 태양이 다시 살아난다고 생각했어요. 그래서 동지를 한 해의 시작이라는 뜻으로 '작은 설'이라고 했지요.

동지에는 찹쌀을 새알 모양으로 빚어 만든 새알심을 넣은 팥죽을 먹었어요. 자기 나이 수만큼 새알을 넣은 팥죽을 먹어야 나이를 한 살 더 먹는다고 생각했어요.

동지 팥죽은 먼저 사당에 놓아 차례를 지냈어요. 그리고 방과 마루, 광 등 집 안 곳곳에 팥죽 한 그릇씩 떠다 놓고, 대문이나 벽에 팥죽을 뿌리고 난 뒤 팥죽을 먹었어요. 붉은 팥이 나쁜 일을 막아 주고 귀신을 쫓는다고 믿었기 때문이에요.

팥죽의 붉은 팥이 나쁜 일을 막아 주고 귀신을 쫓아 준대.

동지 팥죽

특별한 날에 먹는 특별한 음식

사람은 세상에 태어나 살아가면서 돌, 관례, 혼례, 환갑처럼 중요하고도 특별한 날이 몇 차례 있어요. 이런 날에는 행복하게 오래 살기를 바라는 마음을 담은 특별한 상을 차렸어요.

백설기와 수수경단을 먹는 돌

옛날에는 돌잔치를 크게 했어요. 돌상에는 백설기·수수경단·대추·쌀·국수·과일·색실 타래·활·붓·책·돈 등을 올려놓았어요. 그중 흰쌀로 만든 백설기는 깨끗하고 신성한 음식이고, 붉은 팥으로 만든 수수경단은 나쁜 일을 물리치라는 뜻이 있는 음식이에요.

오늘날에도 돌을 중요하게 여겨요. 가족과 친척들이 모여 아기가 일 년 동안 무사히 자란 것을 축하해 주지요. 요즘도 백설기와 수수경단은 돌상에 빠지지 않아요.

돌상

처음으로 술을 마시는 관례

옛날에는 남자아이가 열다섯 살에서 스무 살 사이가 되면 '관례'를 치렀어요. 어른이 된 것을 알리는 의식이지요. 관례상에는 술과 과일과 포를 놓았어요. 남자아이는 이때 처음으로 술상을 받고 어른에게 술 마시는

법을 배웠지요.

 오늘날에는 5월 셋째 월요일을 '성년의 날'로 정해 만 20세가 되는 젊은 이들을 축하해 주고 있어요. 성년의 날에는 단체나 기관에서 축하 행사를 하고 다과상을 차려요.

혼례상을 크고 화려하게 차리는 혼례

 어른이 되어 짝을 만나면 남자와 여자가 부부가 되는 혼례를 해요. 옛날에는 혼례식을 신부의 집에서 저녁에 치렀어요. 혼례는 예나 지금이나 사람들의 일생 중에서 가장 중요한 날이에요. 그래서 혼례상도 크고 화려했지요.

 혼례상 위에는 촛대, 소나무 가지, 대나무 가지, 수탉, 암탉, 쌀, 밤, 대

혼례상

혼례상 음식에 무슨 뜻이 있나요?

아들딸 많이 낳고 행복하게 살라는 뜻이 담겨 있지.

추 등을 올려놓아요. 지역에 따라서 꽃을 꽂거나 용 모양의 가래떡을 올리기도 하고 문어포를 봉황 모양으로 오려서 놓기도 했어요. 모두 신랑 신부가 아들딸 많이 낳고 행복하게 살기를 바라는 마음을 담은 거예요.

혼례를 마치고 신랑 집으로 간 신부는 시댁 어른들께 '폐백'을 드렸어요. 신부 집에서 준비한 대추, 밤, 술 등 폐백 음식을 상 위에 차려 놓고, 시댁 어른께 큰절을 했지요.

오늘날에는 대부분 서양식으로 결혼하기 때문에 혼례상을 따로 차리지 않아요. 하지만 부모님께 폐백을 드리는 전통은 남아 있지요.

음식을 높이 괴어 놓은 상을 받는 환갑

혼례를 치르고 자식을 낳아 기르고 그 자식들이 손자를 낳아 자손이 많아질 때쯤이면 만 60세가 되는 생일을 맞게 돼요. 이날을 '환갑'이라고 해요.

조선 시대 환갑 잔치 모습

옛날에는 수명이 길지 않아서 60살까지 사는 사람이 많지 않았어요. 그래서 자손들은 환갑을 맞은 어른에게 큰 잔치를 베풀었지요. 잔치 때에는 과자, 떡, 과일 등의 음식을 그릇에 높이 괴어 담은 큰 상을 차려요. 이 상을 '고배상' 또는 '망상'이라고 해요. 먹을 수 있는 음식상은 따로 차려 드시게 했지요.

오늘날에는 수명이 길어졌기 때문에 예전에 비해서 환갑을 중요하게 생각하지 않아요. 환갑 잔치를 하는 사람도 점점 줄어들고 있어요.

밥보다 오래 먹은 떡

떡을 찌는 시루

우리 민족은 특별한 날에 꼭 떡을 해서 먹었어요. 생일날에도, 명절 때에도, 제사 때나 굿을 할 때도 떡을 했지요. 집안에 기쁜 일이 있어도, 안 좋은 일이 있어도 떡을 했지요.

우리 민족이 떡을 먹은 것은 아주 오래전부터예요. 농사를 짓기 시작하면서 곡식을 갈판에 갈아 시루에 쪄서 먹었지요. 밥을 할 수 있는 솥이 만들어지기 전까지 떡은 우리 민족의 주식이었어요. 밥이 주식이 되면서 떡은 별식이 되었지요.

떡은 맛으로만 먹는 것이 아니에요. 잔치 때에는 상을 보기 좋게 꾸미고, 고사 때에는 귀신을 달래 주거나 쫓기도 하였어요. 아이들이 변소에 빠져도 떡을 했어요. 변소에 빠진 아이의 부모는 동그랗게 '똥떡'을 빚어

서 동네 사람들에게 나눠 주었어요.

떡은 만드는 방법도 다양해요. 백설기처럼 쌀가루를 시루에 넣고 '찌는 떡', 인절미처럼 찐 밥을 떡메로 쳐서 만든 '치는 떡', 경단처럼 찹쌀가루를 물에 반죽하여 끓는 물에 삶는 '삶는 떡', 화전이나 부꾸미처럼 쌀가루를 반죽하여 기름에 지지는 '지진 떡' 등이 있지요.

오늘날은 옛날처럼 떡을 즐겨 먹지 않아요. 하지만 떡은 설과 추석 같은 명절과 큰 잔치에 빠지지 않는 중요한 음식이에요.

찐 떡인 시루떡

지진 떡인 화전

삶는 떡인 경단

치는 떡인 인절미

궁금증 해결사

떡으로 점을 친다고요?

정월 대보름에는 떡이 쪄진 모습으로 '떡 점'을 치는 풍습이 있었어요. 마을 사람들이 각각 쌀을 가지고 와 모두 합하여 가루를 만들어요. 제각기 자기 몫의 가루를 얻어 쌀가루 밑에 자기 이름을 적은 종이를 각각 깔아 한 시루에 찌지요. 이때 자기 몫의 떡이 잘 익으면 길하고 설으면 불길하다고 믿었어요. 떡이 설익은 사람은 떡을 먹지 않고 거리 한복판에다 버리면 나쁜 일을 피할 수 있다고 했지요.

우리 민족이 즐겨 마신 전통 음료

우리 조상들은 '차', '식혜', '수정과', '화채' 같은 음료를 즐겨 마셨어요. 차는 차나무의 어린잎을 말려서 뜨거운 물에 우려내서 마셔요. 신라 선덕 여왕 때 중국에서 들어왔지요. 승려들은 수도할 때 졸음을 쫓아내기 위해, 화랑들은 몸과 마음을 깨끗이 하려고 마셨어요.

고려 시대에 불교가 발전하면서 차가 널리 퍼졌어요. 궁중에 차를 공급하는 관청인 '다방'이 생겼고, 차를 전문적으로 생산하는 마을인 '다촌'도 생겼어요. 나라 제사에는 왕이 직접 차를 달여 제사상에 올렸어요. 민가에서도 제사에 차를 올렸지요. 우리가 명절 때 지내는 제사를 '차례'라고 부르는 것도 제사상에 차를 올리면서 나온 말이에요.

조선 시대에는 불교를 멀리하면서 차 마시는 문화가 쇠퇴했어요. 승려와 선비들이나 가끔 마시고, 외국 사신이 왔을 때 대접할 뿐이었지요. 일반 백성들은 차보다 숭늉을 즐겨 마셨어요.

식혜와 수정과는 설날에 먹는 전통 음식이에요. 엿기름을 가루로 만들어 우려낸 물에 밥을 넣고 삭히면 식혜가 돼요. 엿기름은 보리에 물을 부어서 싹이 트게 한 뒤에 말린 것으로, 식혜의 단맛을 내주지요. 밥알이 삭아서 동동 떠오르면 밥알은 따로 건져 놓고 물은 끓인 다음, 차게 식혀서 밥알을 띄워 마셔요.

수정과는 생강, 계피 등을 넣어 끓인 물에 설탕이나 꿀을 넣어 다시 끓여서 만들어요. 은은한 계피 향기와 톡 쏘는 생강 맛이 잘 어울리지요. 수정과에는 보통 곶감을 넣어요. 곶감을 넣은 수정과는 식혜와 함께 겨울에 많이 마시는 찬 음료예요.

화채는 꿀물이나 오미자를 우린 물에 과일이나 꽃잎을 띄워 만들어요. 화채는 차게 해서 마시기 때문에 더운 여름철에 많이 즐겼지만 계절에 따라 다른 재료를 띄워 먹기도 하였어요. 봄에는 진달래 꽃잎, 여름에는 장미 꽃잎, 가을에는 배, 겨울에는 녹말 국수를 띄워서 먹었지요.

식혜 수정과 화채

아, 배부르다! 식혜로 소화를 시켜 볼까?

과일을 화채로 먹으니까 더 맛있네.

수정과의 이 오묘한 맛!

바삭바삭, 쫀득쫀득한 한과

정과, 강정, 다식, 약과 같은 우리나라의 전통 과자를 '한과'라고 해요. 옛날에는 '과줄'이라고 했어요. 과줄은 밥을 먹고 난 뒤 후식으로 많이 먹었는데, 아이들의 간식으로도 좋았지요. 과줄은 떡과 함께 명절 때나 잔칫상, 제사상, 통과 의례 때에도 빼놓을 수 없는 음식이었어요.

특별한 날에만 먹는 귀한 음식, 과줄

우리 민족은 통일 신라 시대부터 본격적으로 여러 가지 과줄을 만들어 먹기 시작했어요. 고려 시대에 사람들이 차를 많이 마시기 시작하면서 과줄이 발달했지요. 고려는 불교 국가였기 때문에 제사를 지낼 때 고기를 올릴 수 없어서 물고기나 새 모양의 과줄을 만들어 제사상에 올렸다고 해요. 조선 시대에는 어른이나 아이, 왕이나 평민 할 것 없이 모든 사람이 좋아하는 음식이 되었어요.

과줄은 곡물 가루에 꿀이나 엿 등을 넣어 반죽한 다음 기름에 지지거나 튀기거나 졸여서 만들어요. 그래서 옛날에 과줄은 특별한 날에만 맛볼 수 있는 귀한 음식이었지요. 과줄은 만드는 방법에 따라 다식, 약과, 강정, 엿, 정과 등으로 나눌 수 있어요. 옛날 기록에 의하면 과줄의 종류가 255종이었다고 하니까 오늘날 공장에서 만드는 과자만큼이나 다양하다고 할 수 있지요.

색깔이 고운 다식

다식은 쌀, 콩, 깨, 밤 등을 곱게 갈아 가루를 내어 꿀에 반죽하여 다식판으로 찍어 만들어요. 흰색, 노란색, 연두색, 빨간색, 검은색 등 색깔이 곱고, 다식에 찍힌 무늬도 멋있지요. 다식판에는 주로 복(福) 자를 많이 새겼고, 새나 물고기 등의 모양도 새겼어요.

돌잔치, 혼례, 환갑 같은 잔치가 있을 때는 상 위에 다식을 탑처럼 층층이 괴어 올려서 상을 더 화려하게 꾸몄답니다.

다식판

여러 가지 다식

귀하고 귀했던 약과

약과는 밀가루를 기름과 꿀로 반죽해서 약과 판에 찍어 낸 다음, 기름에 튀겨서 만들어요. 고려 시대에는 '유밀과'라고 했는데, 제사에 과일 대신 쓰기 위해 과일 모양으로 만들기도 했어요.

고려 시대에 원나라 사신이 와서 유밀과의 맛을 보고는 유밀과를 고려 최고의 과자라고 했어요. 그래서 유밀과를 '고려병'이라고 불렀다고 해요. 이렇게 맛있는 유밀과를 나라에서 만들지 못하도록 '유밀과 금지령'을 내리기도 했어요. 귀족들이 맛있는 유밀과를 만드느라 밀가루, 꿀, 참기름을 많이 쓰는 바람에 가격이 크게 올라 백성들의 생활이 어려워졌기 때문이에요. 조선 시대에도 약과를 만들지 못하도록 한 적이 있어요. 《대전통편》에 보면 '백성의 집 혼례상에 약과를 쓰는 자는 곤장 80대를 맞는다.'라는 기록이 나와요.

음, 맛있다.

약과

진짜 속이 빈 속 빈 강정

강정은 약과, 다식과 함께 잔칫상, 제사상에 올리던 과줄이에요. 찹쌀가루에 술과 꿀을 섞어서 반죽한 뒤에 여러 모양으로 썰어 그늘에 말려요. 이것을 기름에 튀겨 내서 꿀과 고물을 묻히면 고소한 강정이 되지요. 고물의 재료와 모양에 따라 콩강정, 깨강정, 계피강정, 잣강정 등으로 나눌 수 있어요. '속 빈 강정'이란 말이 있듯이 강정은 속이 비어 있어서 먹을 때 바삭거리고 달콤한 맛이 난답니다.

뭐야, 진짜 속이 비었네?

강정

↳ 깨엿

달콤한 엿

엿은 불과 100여 년 전까지만 해도 집집마다 직접 만들어 먹었어요. 옛날에 엿은 특별한 날에 먹는 음식이기도 했고, 입이 심심할 때 먹는 최고의 간식이기도 했어요.

엿을 만들기 위해서는 찹쌀이나 멥쌀로 지은 밥에 엿기름가루를 넣어 은근한 불로 계속 끓여요. 그런 다음 건더기를 걸러 내고, 진득진득하게 될 때까지 오랫동안 조리지요. 조리는 정도에 따라 물엿이 되거나 딱딱한 엿이 되기도 했어요. 물엿은 각종 음식이나 약과를 만드는 데 쓰였지요.

만드는 사람의 정성이 담긴 엿은 오랫동안 우리 민족의 입을 달콤하게 해 주었어요.

서양과 다른 우리 상차림

우리나라 사람들이 식사하는 모습은 서양과 많이 달라요. 서양에서는 식탁에 음식이 한 가지씩 차례대로 나와요. 따로 먹어야 맛있는 음식이기 때문이에요. 이에 비해 우리나라는 밥과 국, 반찬을 모두 한꺼번에 차려요. 함께 먹어야 맛있는 음식이기 때문이에요.

한 상에 놓인 밥과 국, 반찬

우리나라 음식은 밥 따로, 국 따로, 반찬 따로 먹기가 힘들어요. 밥은 싱겁고, 국과 반찬은 짜니까요. 밥과 국, 반찬은 서로의 맛을 보완해 주기 때문에 함께 먹어야 해요.

서양 사람들은 모두 한 식탁에 둘러 앉아 식사를 하지만 옛날 우리나라는 한 사람이 상을 하나씩 받았어요. 한 사람 앞에 하나씩 상을 따로 차려야 했기 때문에 한 상에 음식을 한꺼번에 차릴 수밖에 없었지요.

한 사람이 한 상씩 받은 모습

서양은 보통 부엌에 식탁이 있어 그때그때 필요한 음식을 하나씩 내올 수 있었지만 우리나라 부엌은 식사를 하는 방과 멀리 떨어져 있었어요. 그래서 부엌에서 준비한 음식을 상에 차려서 방으로 나르는 거지요.

밥과 국, 반찬이 놓인 상차림, 반상

밥과 여러 가지 반찬으로 차려진 상차림을 '반상'이라고 해요. 반상에는 3첩, 5첩, 7첩, 9첩, 12첩이 있는데, 첩은 상에 오른 반찬의 가짓수를 말해요. 반찬의 가짓수를 셀 때는 밥, 국, 김치, 장(된장, 고추장)은 빼지요. 평민들은 보통 3첩 반상을 먹었어요. 양반집에서는 5첩이나 7첩 반상을 차렸어요. 9첩 반상은 지위가 아주 높은 양반만 먹을 수 있었어요.

3첩 반상에는 생채(익히지 않고 무친 나물)와 숙채(익혀서 무친 나물)에다 구이나 조림 중 한 가지를 올려놓았어요. 5첩 반상에는 3첩 반상에다 전과 마른반찬 또는 젓갈을 더 올리고, 찌개를 따로 올렸지요. 7첩 반상은 5첩 반상에다 구이 또는 조림과 회를 더 올리고, 찌개와 찜을 올렸지요. 9첩 반상은 두세 종류의 구이, 조림, 전을 만들어 올리고 마른반찬과 젓갈을 모두 올려놓았어요.

반상에는 모든 영양소가 골고루 들어 있어.

7첩 반상

왕의 밥상은 12첩 반상

12첩 반상은 왕의 밥상이에요. '수라상'이라고도 해요. 아무리 권세가 높고 돈이 많은 양반이라도 12첩 반상은 절대 먹을 수 없었어요. 하루에 두 번 들어가는 정식 수라상에는 12개의 뚜껑이 있는 그릇에 12개의 반찬을 담아냈어요. 밥(수라)과 탕, 김치, 장은 물론 신선로도 반찬의 가짓수에 들어가지 않았지요.

지금은 한 사람이 하나씩 상을 받는 문화는 사라졌어요. 밥상에 앉아 식사하는 풍습도 거의 사라져 가고 있지요. 대부분 부엌에 있는 식탁에 앉아 함께 먹어요. 하지만 식탁에 모든 음식을 한꺼번에 차려 놓는 건 여전히 바뀌지 않았어요.

12첩 반상

세계로 퍼지는 우리 음식

옛날에는 식사를 준비하는 데 정성이 많이 들어갔어요. 끼니마다 가마솥에 불을 때서 밥을 했고, 장 담그는 일은 몇 날 며칠이 걸렸어요.

현대에 들어와 우리 식생활도 많이 달라졌어요. 장과 김치도 슈퍼마켓에서 사 먹는 경우가 늘었지요. 특히 라면처럼 짧은 시간에 쉽게 조리할 수 있는 인스턴트식품들이 인기를 끌게 되었어요.

외국 음식도 우리 식생활에 영향을 끼쳤어요. 햄버거와 피자 같은 패스트푸드는 순식간에 어린이의 입맛을 점령해 버렸어요. 다른 나라 음식을 우리 입맛에 바꾸는 퓨전 음식도 늘고 있어요. 피자에 불고기를 얹은 불고기피자, 파스타에 김치를 넣은 김치파스타 등이 있어요. 반대로 떡케이크처럼 우리 음식을 서양식으로 바꾼 음식도 나오고 있지요. 하지만 우리가 즐겨 먹는 음식은 크게 변하지 않았어요. 우리 식탁에는 여전히 밥과 국이 있고, 반찬과 김치가 있지요.

요즘은 비빔밥, 불고기, 갈비, 김치 같은 우리 음식이 다른 나라에서 인기를 얻고 있어요. 우리 전통 음식이 건강에 좋다는 것이 널리 알려졌거든요. 세계 곳곳에 우리나라 음식점이 많아지고 있어요. 우리 음식의 우수성이 널리 퍼지고 있는 거지요.

세계화되고 있는 한식

한눈에 보는 팔도 음식

지역마다 특산물이 다른 것처럼 음식을 만드는 주재료도 지역마다 달라요. 그래서 지역마다 특색 있는 음식이 발달했지요.

평안도 평양냉면
한겨울 동치미가 잘 익을 무렵에 평양 사람이 즐겨 먹는 음식이에요.

경기도 조랭이떡국
경기도 개성 사람들이 설날에 먹는 음식이에요. 동그란 조랭이 떡으로 떡국을 끓이지요.

황해도 해주비빔밥
볶은 밥 위에 닭고기와 나물을 올려놓아요. '해주교반'이라고도 해요.

충청도 호박범벅
늙은 호박에 고구마, 팥, 강낭콩 등을 넣어 걸쭉하게 푹 익힌 음식이에요.

전라도 전주비빔밥
조선 3대 음식에 꼽힐 정도로 맛이 뛰어나요. 고기와 채소 등 30여 가지의 재료가 들어가요.

4장 세계의 음식 이야기

세계에는 수많은 나라가 있고, 그만큼 음식도 다양해요.
대부분 주변에서 쉽게 구할 수 있는 재료로
자신들의 입맛에 맞는 음식을 만들어 먹어요.
음식 문화도 매우 다양해요. 음식을 먹을 때 포크를 쓰는 나라도 있고,
젓가락을 쓰는 나라도 있어요. 어떤 나라는 손으로 집어 먹기도 해요.
우리에게 익숙한 음식부터 특이한 재료로 만든 신기한 음식까지
세계 맛 탐험, 시작해 볼까요?

나라마다 다른 음식 문화

구석기 시대에는 어디에서 살든 식생활이 크게 다르지 않았어요. 열매를 따 먹거나 사냥과 낚시를 해서 먹을거리를 마련했지요. 그러다가 지금으로부터 1만 년 전쯤에 농사를 지으면서 식생활이 달라졌어요. 자기 지역의 기후와 땅에 알맞은 곡식과 가축을 기르기 시작했거든요. 그때부터 자기 지역에서 기르는 곡식과 가축으로 음식을 만들어서 먹었어요.

음식을 만드는 재료와 방법도 기후에 따라, 지역에 따라 달라졌어요. 추운 한대 지역에서는 생선과 유제품을 이용한 음식이 많은데, 담백하고 싱겁게 요리해요. 따뜻한 온대 지역에서는 곡물과 채소를 이용한 음식이 많아요. 뜨거운 열대 지역에서는 과일을 이용한 음식이 많고, 기름을 이용한 조리법이 발달했어요.

이렇게 음식 문화는 지역마다 달라요. 각 지역의 음식 문화는 다음 세대로 이어지며 계속 발전했지요. 전쟁이나 무역을 통해 다른 나라의 음식 문화에 영향을 받기도 했지만 고유한 음식 문화는 크게 바뀌지 않고 지켜졌어요.

지금은 교통과 무역의 발달로 다른 나라의 음식 문화에 영향을 많이 받아요. 피자를 처음 만들어 먹은 곳은 이탈리아이지만 지금은 세계 어느 곳에서나 즐겨 먹지요. 하지만 세계 여러 나라 사람들은 여전히 자기 나라의 음식을 가장 즐겨 먹는답니다.

밥과 빵, 젓가락과 포크

우리가 식사 때 주로 먹는 음식을 주식이라고 해요. 주식은 밥이나 빵 혹은 국수나 감자 등 우리가 매일 배불리 먹는 음식을 말하지요.

밥이냐, 빵이냐?

밥을 주식으로 먹는 나라는 아시아에 많아요. 밥을 먹는 사람들은 다른 음식이 많아도 밥이 없으면 식사로 생각하지 않아요. 아시아 여러 나라에서 '쌀'이란 말이 곧 '양식'이란 뜻으로 통하는 것만 봐도 쌀이 얼마나 중요한지 알 수 있어요. 밥을 짓는 벼는 아시아 여러 나라에서 수천 년 동안 재배해 왔어요. 특히 동남아시아는 날씨가 덥고 비가 많이 내려 벼가 잘 자라지요. 우리나라의 쌀은 찰지고, 둥글고 오동통한 모양인데, 동남아시아의 쌀은 찰기가 없고, 길쭉한 모양이에요.

길쭉한 동남아시아의 쌀

전 세계적으로 빵을 주식으로 먹는 나라는 아주 많아요. 빵은 밀, 호밀, 옥수수 가루로 만드는데, 곡식의 종류에 따라 맛도 다르고 색깔도 다르지요. 그중 밀로 만든 빵이 가장 많아요. 밀은 어느 지역에서도 잘 자라기 때문이에요. 호밀을 많이 재배하는 러시아와 독일 사람들은 호밀 빵을 많이 먹어요. 호밀 빵은 검고 딱딱해요. 옥수수가 많이 나는 멕시코에서는

밀로 만든 빵

'토르티야'라고 하는 납작한 옥수수 빵을 많이 먹어요.

밥과 빵을 주식으로 먹지 않는 곳도 있어요. 북극에 사는 사람들은 주변에서 쉽게 사냥할 수 있는 순록과 바다 동물의 고기를 주식으로 해요. 열대에 사는 아프리카 사람들은 '카사바'라는 열대 식물의 덩이줄기로 가루를 내어 먹어요.

아프리카 사람들의 주식, 카사바

밥 먹었니?

도사님은, 어떻게 밥만 먹어요? 반찬도 먹지.

도사님이 말씀하신 '밥'은 한 끼 식사 모두를 뜻하는 거야!

쌀을 주로 먹는 아시아의 여러 나라에서는 '쌀'이 양식을 뜻하기도 한단다.

그럼 빵을 많이 먹는 나라에서는 '빵 먹었니?'라고 묻나?

4 세계의 음식 이야기

채소 요리냐, 고기 요리냐?

사람들이 주식과 함께 즐겨 먹는 음식도 주변에서 쉽게 구할 수 있는 거예요. 농사를 많이 짓는 아시아 사람들은 밥과 함께 채소 요리를 많이 먹어요. 채소를 요리할 때는 감칠맛 나는 양념을 넣어서 음식의 맛을 더하지요. 또 고기보다는 생선을 많이 먹어요.

가축을 많이 기르는 미국과 유럽, 서남아시아 사람들은 고기를 많이 먹어요. 향신료를 써서 고기의 냄새를 없애고 고기의 맛을 좋게 하지요. 또 가축의 젖을 먹고, 그 젖으로 버터와 치즈를 만들어 먹어요.

포크로 먹을까, 젓가락으로 먹을까?

아시아와 아프리카 사람들은 대부분 상이나 바닥에 음식을 차려 놓고 식사를 해요. 모든 음식을 한 상에 차려 놓지요. 이에 비해 서양에서는 식탁에 앉아서 식사를 해요. 음식은 순서대로 하나씩 나오지요.

식탁에 앉아서 식사하는 서양 사람

바닥에 앉아서 식사하는 동남아시아 사람

음식을 먹을 때 우리나라를 비롯해 중국, 일본, 베트남은 우묵한 그릇에 담아 젓가락으로 먹어요. 젓가락은 밥과 작게 잘린 반찬을 집기에 알맞아요. 이에 비해 서양 사람들은 접시에 담긴 음식을 포크와 나이프를 써서 먹어요. 포크와 나이프는 고기 요리를 먹을 때 편리하지요.

동남아시아와 서남아시아, 아프리카 사람들은 손으로 음식을 먹어요. 음식을 차게 해서 먹기 때문에 젓가락 같은 도구가 필요 없지요. 찰기가 없는 밥과 빵도 손으로 먹는 것이 편리해요. 이렇게 세계 여러 나라의 사람들은 자신이 먹는 음식에 가장 알맞은 식사 방법을 발전시켰어요.

궁금증 해결사

젓가락의 모양과 쓰임새가 나라마다 다르다고요?

우리나라, 중국, 일본 사람들은 음식을 먹을 때 모두 젓가락을 써요. 하지만 모양과 쓰임새는 조금 달라요. 우리나라 젓가락은 가늘고 납작해요. 김치와 같은 채소를 집기에 편리하지요. 중국 젓가락은 길어서 식탁 가운데에 있는 반찬을 덜어 먹기 편해요. 일본 젓가락은 짧아서 바로 앞에 있는 음식을 집어 먹기 편해요. 우리나라에서는 젓가락을 반찬을 집는 데만 쓰고, 중국에서는 젓가락으로 밥과 반찬을 먹어요. 일본에서는 젓가락으로 밥과 국, 반찬을 먹지요.

비행기와 책상 빼고 다 먹는 중국

'중국 사람들은 하늘을 나는 것은 비행기 빼고 다 먹고, 네발 달린 것은 책상 빼고 다 먹는다.'는 말이 있어요. 중국요리가 재료가 그만큼 풍부하다는 뜻이에요. 중국요리에 자주 이용되는 재료는 3천 가지가 넘는대요. 고기도 살코기는 물론 내장, 심줄, 피, 귀 등 버리는 부위가 없어요.

중국은 땅이 워낙 넓기 때문에 중국 안에서도 지역마다 요리가 달라요.

베이징요리는 중국의 수도 베이징에서 발달한 요리예요. 음식에 기름기가 많고 맛이 진해요. 오리구이가 유명하지요.

광둥 지역에서 발달한 광둥요리는 중국요리를 대표해요. 광둥요리는 음식 재료의 맛과 색을 잘 살리고 담백한 것이 특징이에요. 광둥요리에는 탕수육, 팔보채 같은 우리에게 익숙한 요리가 많아요. 또 상어지느러

게 요리(상하이요리)
오리구이(베이징요리)
마파두부(쓰촨요리)
튀긴 돼지고기(광둥요리)

미 요리, 제비집 요리 같은 유명한 요리가 많지요.

바다가 가까운 상하이에서 발달한 상하이요리는 해산물로 만든 요리가 많아요. 게와 새우 요리가 유명하지요.

바다가 멀고 여름이 몹시 더운 쓰촨 성에서 발달한 쓰촨요리는 톡 쏘는 맛과 향이 있어요. 음식이 상하는 걸 막으려고 고추, 산초, 후추 같은 매운 양념을 많이 사용하기 때문이에요. 마파두부가 유명해요.

중국 사람들은 보통 둥그런 식탁에 둘러 앉아 식사를 해요. 밥, 국수, 만두와 같은 주식은 각자 그릇에 나오고 반찬은 식탁 가운데에 있는 공동 그릇에 담아 나오지요.

4 세계의 음식 이야기

향신료의 나라 인도

탈리

인도 사람들은 주식으로 밥과 빵을 먹어요. 북쪽 지역에 사는 사람들은 주로 빵을 먹고, 남쪽 지역에 사는 사람들은 주로 밥을 먹지요.

인도에는 콩과 우유로 만든 음식이 많아요. 콩을 삶은 요리를 '달'이라고 하는데, 밥과 함께 먹지요. 우유로는 걸쭉한 요구르트를 만들어 먹어요. 인도 사람들은 큰 쟁반이나 커다란 바나나 잎에 달, 밥, 차파티 또는 난, 요구르트, 커리 등을 차려 놓고 먹어요. 이렇게 차려진 밥상을 '탈리'라고 하지요.

인도 사람들은 차로 하루를 시작하고 하루를 마무리한다고 말할 만큼 차를 즐겨 마셔요. 홍차에 우유를 듬뿍 넣어 끓인 '차이'와 물을 탄 요구르트인 '라씨'를 좋아해요.

다양한 마살라

인도 사람들은 예부터 열매, 잎, 꽃, 나무뿌리, 나무껍질 등으로 여러 가지 향신료를 만들었어요. 향신료를 섞어 쓰는데, 이것을 '마살라'라고 해요. 마살라는 거의 모든 음식에 들어가지요. 보통 음식 한 가지에 십여 가지의 마살라를 함께 쓴답니다. 마살라는 음식 맛을 좋게 하려고 쓰지만 음식이 상하지 않도록 해 줘요.

우리가 보통 '카레'라고 하는 '커리'도 향신료의 한 종류예요. 강황, 후추, 고추, 생강, 사프란 등의 향신료를 섞어서 만들어요. 여기에 양고기나 닭고기, 야채 등을 넣어 요리하지요. 인도의 커리가 노란색을 띠는 것은 강황 때문이랍니다.

커리

4 세계의 음식 이야기

꼬치구이와 요구르트를 즐기는 터키

옛날 터키 사람들은 들판에서 가축을 키우며 사는 유목 민족이었어요. 그래서 고기와 젖으로 만든 요구르트나 치즈 같은 음식을 즐겨 먹었지요. 터키 요리는 중국, 프랑스 요리와 함께 세계 3대 요리로 꼽힌답니다.

터키의 대표적인 음식은 '케밥'이에요. 양고기나 닭고기, 쇠고기 등을 꼬챙이에 끼워 불에 구운 꼬치 요리지요. 터키 사람 대부분이 이슬람교도이기 때문에 이슬람교에서 금하는 돼지고기는 쓰지 않아요. 케밥은 만드는 방법과 재료에 따라 300가지가 넘어요. 가장 유명한 케밥인 '도네르케밥'은 '회전하는 고기'라는 뜻으로, 양념한 양고기를 긴 꼬챙이에 끼워 숯불 화덕에서 회전시키며 구운 거예요. 익은 고기를 얇게 썰어 빵에 싸 먹거나 샐러

도네르케밥

쉬시케밥

드나 요구르트와 함께 곁들여 먹어요. '쉬시케밥'은 먹기 좋게 썬 고기를 야채와 함께 구운 꼬치구이예요.

터키 사람들은 주식으로 빵을 먹는데, 그중 '피데'와 '에크멕'을 좋아해요. 피데는 얇고 넓적하게 구운 빵이에요. 그냥 먹기도 하고 좋아하는 재료를 속에 넣거나 위에 얹어 먹기도 해요. 피자와 비슷하지만 치즈를 쓰지 않아 담백해요. 에크멕은 프랑스 빵인 바게트와 비슷하게 생겼어요.

피데

터키 사람들의 식탁에서 빠지지 않는 게 있어요. 바로 요구르트예요. 요구르트는 그냥 마시기도 하지만 구운 고기 위에 뿌려 먹거나 수프, 샐러드드레싱 등에 두루 쓰인답니다.

터키에서는 술을 금지하는 이슬람교의 영향으로 차가 발달했어요. 하루에 열 번도 더 차를 마시는데, 한 번에 두세 잔씩 마셔요. 터키 차는 향신료를 넣고 끓여요. 홍차와 맛이 비슷하지만 끓이는 시간이나 첨가하는 향신료에 따라 여러 가지 맛이 나지요.

파스타와 피자의 나라 이탈리아

　이탈리아 음식은 널리 퍼져 있어서 세계 어디에서든 먹을 수 있어요. 우리나라 사람들도 잘 먹는 파스타와 피자가 이탈리아 음식이에요.

　이탈리아는 지중해와 기름진 땅에서 나오는 질 좋은 음식 재료가 많아요. 그중에서 올리브, 토마토, 포도는 이탈리아 요리에서 빠지지 않아요. 이 재료들이 이탈리아 음식을 풍부하게 해 주지요.

　이탈리아 사람들은 주식으로 파스타를 먹어요. 파스타는 밀가루에 물과 계란을 넣고 반죽한 뒤에 얇게 밀어서 가늘게 자른 국수예요. 파스타로 만든 요리도 '파스타'라고 하지요. 스파게티와 마카로니도 파스타의 한 종류예요. 파스타는 '세몰리나'라는 밀가루로 만들어요. 세몰리나로 만든 파스타는 삶으면 쫄깃쫄깃하고 맛있지요.

　파스타의 이름은 모양에 따라 붙이는데, 종류가 600가지가 넘어요. 펜

스파게티 면으로 만든 파스타　　　　　펜네 면으로 만든 파스타

촉 모양의 '펜네', 가늘고 긴 '카펠리니', 리본 모양의 '파르팔레' 등이 대표적이에요. 오징어 먹물, 당근, 계란 노른자, 시금치 등으로 다양한 색깔을 내기도 해요.

이탈리아 피자는 둥글납작한 반죽에 토마토소스를 바르고 야채와 치즈, 허브를 얹어 화덕에서 장작불로 구워 만들어요. 화덕에서 구운 피자는 담백하고 토마토 향이 살아 있어요. 얇고 바삭한 빵 위에 토마토소스와 모차렐라치즈를 올리고, 바질 잎도 얹은 마르게리타피자가 대표적이에요.

이탈리아 사람들은 식사할 때 천천히 그 맛을 음미하며 즐기지요. 점심시간이 무려 세 시간이나 돼요. 1시쯤이면 오전 업무를 마치고 집으로 돌아가 식사를 해요. 천천히 식사를 한 뒤에는 1시간 정도 휴식을 즐겨요. 옛날 로마 사람들이 한가하게 식사를 하던 풍습이 남아 있기 때문이에요.

4 세계의 음식 이야기

화끈한 맛을 즐기는 멕시코

멕시코는 태양과 아미고(amigo, 친구)의 나라예요. 음식도 태양처럼 화끈하고 친구와 어울리며 먹고 마실 수 있는 것을 좋아해요. 옥수수와 토마토 그리고 매운 맛을 내는 고추를 즐겨 먹지요.

멕시코는 한때 에스파냐의 지배를 받았기 때문에 에스파냐의 영향을 많이 받았어요. 고유한 아스테카 문명의 음식 문화 위에 에스파냐의 음식 문화가 들어와 더 다양해졌지요.

멕시코 사람들은 옥수수를 갈아서 구워 만든 '토르티야'를 주식으로 먹어요. 토르티야에 치즈와 고기, 소시지 등을 넣고 오븐에 구운 것을 '퀘사디야'라고 해요. 토르티야에 콩과 양상추, 쇠고기 등을 싸서 먹으면 '타코'가 돼요. 튀긴 토르티야 조각은 '나초'라고 해요. 나초는 치즈와 살사에 찍어 먹지요.

멕시코 사람들은 갓 구운 토르티야에 매콤한 '살사'를 끼

토르티야

퀘사디야

나초, 살사, 타코

얹어 먹는 걸 좋아해요. 살사는 잘게 썬 토마토에 양파, 고추, 향신료 등을 넣고 만든 멕시코 고유의 소스예요.

  멕시코 사람들은 '칠리'라고 하는 고추를 무척 좋아해요. 칠리는 모양과 색이 다양하고, 전혀 맵지 않은 것부터 청양고추보다 수십 배나 매운 것까지 있어요. 가루를 내어 먹기도 하고, 절여 먹거나 소스로 만들어 먹기도 하지요. 선인장도 인기 있는 요리 재료예요. 선인장을 익혀서 샐러드를 만들거나 달걀과 함께 볶아 먹어요.

↳ 칠리

  에스파냐의 식민지였던 멕시코는 에스파냐의 영향을 받아 하루에 다섯 번쯤 식사를 해요. 아침은 빵과 음료만 먹고, 아침과 점심 사이에는 샌드위치나 퀘사디야로 간단히 먹어요. 점심은 오후 3시쯤에 집에 와서 먹지요. 점심을 먹은 뒤에는 낮잠을 즐기고 5시쯤에 일터로 돌아가요. 저녁은 7시나 8시쯤에 가볍게 먹지요. 하루를 다 보낸 뒤에는 간식을 먹으며 하루를 마무리해요.

미식가의 나라 프랑스

'이탈리아 사람들은 옷에, 독일 사람들은 집에, 프랑스 사람들은 음식에 평생을 바친다.'는 말이 있을 정도로, 프랑스 사람들은 식사 시간을 소중하게 여겨요. 그래서 프랑스를 '미식가의 나라'라고 해요.

프랑스 사람들에게 요리는 인생이고, 예술이에요. 자연에서 얻는 다양한 재료로 최고의 음식을 만들어요. 특히 '에스카르고'라는 달팽이 요리, '푸아그라'라는 거위 간 요리, '트뤼플'이라는 버섯으로 만든 요리는 프랑스 사람들이 자랑하는 요리예요.

프랑스 사람들은 음식을 순서에 따라 한 가지씩 맛을 음미하며 천천히 식사해요. 처음에는 샐러드처럼 입맛을 돋우는 전채 요리를 먹고, 그다음에 생선이나 고기 요리를 먹어요. 그 뒤 한두 조각의 치즈를 먹고, 마지막으로 달콤한 후식을 먹지요.

프랑스 사람들이 식사를 할 때는 포도주를 빼놓지 않아요. 요리를 만들

에스카르고
푸아그라
트뤼플

때에도 포도주를 꼭 넣지요. 포도주는 요리의 맛을 돋우고 음식을 부드럽게 해 줘요.

프랑스 사람들의 식사에는 으레 치즈가 따라다녀요. 프랑스에는 지방마다 독특한 치즈가 생산되는데, 치즈의 종류가 350가지가 넘는대요. 가장 유명한 치즈는 '로크포르'예요. 푸른곰팡이 치즈로 흔히 블루치즈라고 하지요. 냄새와 맛이 강해 다른 나라 사람들은 먹기 힘들지만 프랑스 사람들이 가장 좋아하는 치즈예요. 프랑스 사람들은 치즈를 빵에 얹어 먹거나 샌드위치를 만들어 먹지 않아요. 식사 전이나 후에 치즈를 따로 먹으며 치즈 자체의 맛을 즐겨요. 포도주에 치즈 조각을 곁들어 먹기도 하지요.

로크포르

4 세계의 음식 이야기 133

새로운 음식 문화를 만든 미국

세계 여러 나라 사람들이 모여 사는 미국의 슈퍼마켓에 가면 세계 여러 나라의 음식이 진열되어 있어요. 마치 세계 식품의 전시장 같지요.

미국은 세계 여러 나라에서 온 사람들로 이루어진 나라이고, 역사도 짧아서 전통적인 음식 문화가 없는 것처럼 보일 수 있어요. 하지만 미국에는 미국의 음식이 있어요. 미국에 전해진 음식이 미국 사람들의 입맛에 맞춰 새롭게 바뀌어 새로운 음식으로 탈바꿈하지요. 예를 들어, 미국의 대표적인 음식인 햄버거는 미국 사람들이 독일의 함부르크스테이크를 빵 사이에 끼워 먹으면서 탄생한 거예요.

미국 음식은 대체로 빠르고 간편하게 먹을 수 있어요. 처음에 미국에 이주했던 사람들은 척박한 땅을 개척하며 바쁘게 살았어요. 그래서 음식을 할 시간이 부족해 간편한 요리가 발달한 거예요. 간편한 미국 음식은 바쁜 현대 사람들을 사로잡았어요. 오늘날 미국식 패스트푸드 음식점은 전 세계 어디를 가든 볼 수 있답니다.

미국 사람들은 아침과 점심을 간단하게 먹고, 저녁 식사를 중요하게 여겨요. 코스 음식을 먹기도 해요. 미국식 정식은 과일이나 주스 같은 식욕을 돋우는 음식이 맨 먼저 나와요. 그다음에 수프, 샐러드, 빵, 생선 요리나 고기 요리가 순서대로 나와요. 식사가 끝나면 차를 마시면서 케이크나 파이 같은

햄버거

후식을 먹지요.

　미국 사람들은 추수감사절에 칠면조 요리, 크렌베리소스, 감자, 호박파이를 준비하여 가족과 함께 먹어요. 추수감사절은 11월 넷째 주 목요일인데, 영국 청교도들이 미국으로 이주한 다음 해에 처음으로 곡식을 거두며 감사제를 지낸 데서 비롯됐어요.

칠면조 요리　　　　　호박파이

4 세계의 음식 이야기

종교의 가르침을 따르는 음식

사람들은 자신이 믿는 종교의 가르침에 따라 종교에서 금지하는 음식은 먹지 않으려고 해요.

힌두교도들은 소고기를 먹지 않아요. 소를 성스러운 동물이라고 믿기 때문에 소를 죽이거나 먹을 수 없어요. 그 대신 닭고기를 많이 먹어요.

자이나교를 믿는 승려들은 아주 엄격한 채식주의자예요. 어떤 생물도 해치지 말아야 한다는 자이나교의 가르침 때문이지요. 자이나교 승려들은 벌레 한 마리도 밟아 죽이는 일이 없도록 노력해요. 그래서 언제라도 발밑을 쓸 수 있는 빗자루를 가지고 다닌답니다. 숨을 쉴 때 작은 곤충이 입으로 들어오지 않을까 걱정해서 입을 가리고 다니는 승려도 있어요.

불교의 승려들도 고기를 먹지 않아요. 불교에서는 살아 있는 생물을 죽이는 것을 엄격하게 금지하기 때문이에요. 하지만 불교 신자들은 승려들처럼 엄격하게 채식을 지키지 않아요. 버마나 타이, 캄보디아의 불교 신자들은 생선을 굉장히 좋아해요.

이슬람교도들은 돼지고기를 먹지 않아요. 이슬람교의 교리를 적어 놓은 《쿠란》에 돼지고기를 먹지 못하도록 되어 있거든요. 양고기나 쇠고기, 닭고기도 이슬람 율법에 따라 '위대한 알라의 이름으로'라고 기도하고 잡은 고기만 먹을 수 있어요. 돼지고기처럼 엄격하게 지켜지지는 않지만 술을 마셔도 안 돼요.

궁금증 해결사

이슬람교도들은 일 년에 한 달은 금식을 해야 한다고요?

이슬람 달력으로 9월은 라마단 금식의 달이에요. 라마단은 '거룩한 달'이라는 뜻으로, 빛이 있는 시간에는 음식을 먹으면 안 돼요. 해가 뜰 때부터 질 때까지 아무것도 입에 대면 안 되지요. 하지만 해가 지고 난 뒤에는 음식을 먹을 수 있어요. 아기에게 젖을 먹이는 어머니와 노인은 금식하지 않아도 돼요. 어린이들은 금식할 의무가 없지만, 알라 신에 대한 부모의 헌신을 본받아 금식하는 어린이도 많아요.

세계 여러 나라의 빵

빵은 많은 나라 사람들이 날마다 먹는 주식이에요. 비슷하면서도 저마다 특색 있는 세계 여러 나라의 빵을 알아보아요.

영국의 잉글리쉬머핀
영국 사람들이 아침에 먹는 둥글납작한 빵이에요. 홍차와 함께 먹거나 샌드위치로 만들어 먹어요.

영국
독일
프랑스
터키

프랑스의 바게트
프랑스 사람들이 즐겨 먹는 빵이에요. 막대기 모양의 기다란 빵으로, 겉껍질이 단단하여 씹으면 파삭파삭 소리가 나요.

독일의 프레첼
독일 사람들이 아주 좋아하는 빵으로, 매듭 모양의 빵에 소금이 뿌려져 있어요. 간식이나 맥주 안주로 먹지요.

러시아의 호밀빵

추운 러시아에서는 밀 대신에 호밀을 많이 재배해요. 호밀로 만든 빵은 색깔이 거무스름하고, 독특한 맛이 나지요.

중국의 화쥐안

찜통에서 쪄서 먹는 빵으로, 중국에서 밥 대신 종종 먹어요. 찢어서 요리를 싸서 먹거나 소스에 찍어 먹어요.

러시아

중국

인도

인도의 난

인도 사람들이 매일 주식으로 먹어요. 밀가루를 반죽하여 화덕에 납작하게 구운 빵이지요. 그냥 먹거나 커리와 함께 먹지요.

터키의 에크멕

터키 사람들이 주식으로 먹어요. 아침에 갓 구운 에크멕을 사서 하루 종일 먹지요. 양젖에 찍어 먹거나 샌드위치를 만들어 먹어요.

5장 우리의 집 이야기

한옥 마을을 가 본 적이 있나요?
옹기종기 모여 있는 기와집과 초가집이 정겹지요.
나즈막하고 둥근 산을 닮은 초가집, 하늘로 날아갈 것처럼 날렵한 기와집,
모두 우리 조상이 살던 한옥이에요. 우리 조상들은 오래전부터
우리나라의 지형과 기후에 알맞은 집을 짓고 살았어요.
여름은 시원하게 겨울은 따뜻하게 날 수 있도록 지었어요.
조상들의 지혜가 잘 드러난 곳이 바로 우리의 집, 한옥이지요.

옛날에는 어떤 집에서 살았어요?

구석기 시대 사람들은 동굴이나 바위틈에서 살았어요. 동굴은 추위와 더위를 막아 주고 맹수로부터 몸을 안전하게 지켜 주었지요. 생활에 꼭 필요한 불도 지켜 주었어요. 그러다 동굴 주변에 먹을 게 떨어지면 다른 동굴을 찾아 떠났지요.

땅속에 지은 움집

신석기 시대에는 강가나 바닷가에 '움집'을 짓기 시작했어요. 땅을 파고 나무 기둥을 세웠어요. 지붕은 갈대나 억새를 엮어 덮었지요. 남쪽에는 문을 내어 사람들이 드나들도록 했어요.

토기 구멍
빗살무늬 토기는 바닥에 바로 세울 수 없기 때문에 토기를 놓는 구멍이 필요했어요.

벽
땅을 파서 자연적인 벽을 만들었어요.

화덕
움집 한가운데는 불을 피우는 화덕이 있어요. 화덕은 음식을 만들고 움집 안을 따뜻하게 해 주었어요.

출입문
문은 땅보다 높게 만들어 밖을 드나들기 쉽도록 했어요.

움집 한가운데는 '화덕'이 있었어요. 화덕에 불을 피우면 컴컴했던 집 안이 환해지고 따뜻해졌어요. 땅에서 올라오는 습기도 막아 주었지요. 신석기 시대 사람들은 불 피운 화덕에 둘러앉아 요리를 해서 먹었어요. 화덕 주위에는 구멍을 파서 음식을 저장하는 토기를 세워 놓았어요.

움집

움집은 땅을 파고 지은 집이어서 겨울에는 찬바람을 잘 막아 주었어요. 추운 곳일수록 땅을 더 깊이 파서 움집을 지었지요. 여름에는 뜨거운 더위를 잘 막아 줘서 땅 위보다 시원했어요. 또 움집의 모양이 둥글기 때문에 바람이 불어도 잘 무너지지 않았어요. 하지만 움집은 땅에서 습기가 올라와 늘 축축했고, 창이 없어 햇빛도 잘 들지 않았으며 바람도 잘 통하지 않았어요. 늘어나는 살림살이를 놓기에도 좁았지요. 청동기 시대에 지어진 움집은 벽과 지붕이 나뉘어 어느 정도 집의 모습을 갖추었어요.

땅 위에 지은 집

철기 시대부터 땅 위에 집을 짓기 시작했어요. 땅 위에 집을 지으려면 비와 바람에도 무너지지 않는 튼튼한 벽을 세울 수 있어야 해요. 철기 시대 사람들은 굵은 나무로 기둥을 세우고, 기둥과 기둥 사이에 볏짚과 돌을 섞은 흙을 발라 튼튼한 벽을 세웠어요. 지붕에는 짚이나 풀을 엮거나 나무껍질을 덮었어요. 벽에는 문을 내어 사람들이 드나들 수 있도록 했고, 창문도 만들어 햇빛이 들도록 했지요. 우리나라 전통 집인 초가집이 탄생한 거예요.

삼국 시대부터 조선 시대까지의 집

삼국 시대에는 집 짓는 기술이 크게 발전했어요. 주춧돌 위에 기둥을 세워 기둥이 썩을 염려가 없어지자 그 위에 나무로 서까래를 얹고 무거운 기와를 얹을 수 있게 됐어요. 기와는 흙으로 모양을 만들고 가마에 구워 단단하게 만들어서 눈과 비가 스며들지 않아 불에 탈 염려가 없었어요.

삼국 시대 귀족들은 집을 아름답게 꾸몄는데, 특히 여러 가지 장식 기와로 지붕을 화려하게 꾸몄어요. 삼국 시대 귀족들은 쓸모에 따라 여러 채의 건물을 지었어요. 고구려 고분 벽화를 보면 주인집을 중심으로 차고, 창고, 부엌, 고깃간, 외양간 등이 따로 지어진 것을 알 수 있어요. 건물 한가운데에는 문이 달려 있으며 기둥 사이에 벽을 세웠어요. 삼국 시대 사람들은 의자와 탁자를 둔 입식 생활을 했어요. 삼국 시대 때 방의 한쪽에 온돌을 깔기 시작했어요. 온돌은 추운 북

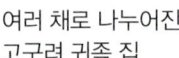
고구려 막새기와

여러 채로 나누어진
고구려 귀족 집

쪽 지역에서 먼저 발달했는데, 점차 남쪽으로 퍼져 나갔어요.

고려 시대에도 삼국 시대처럼 의자에 앉아서 생활하는 입식 생활을 하다가 점차 온돌을 방 전체에 깔면서 바닥에 앉아서 생활하는 좌식 생활을 하게 되었어요. 온돌이 널리 사용되면서 온돌방과 부엌 사이에 벽을 세웠지요. 고려 후기부터 온돌방, 마루, 부엌이 연결되는 한옥의 모습이 갖춰졌어요.

조선 시대에는 집의 모양이 세련되어지고, 집의 기능도 많아졌어요. 기와집은 완벽한 살림집의 모습을 갖췄지요. 집을 지을 때는 좋은 터를 골라 방향을 잘 잡고 지었어요. 집 뒤에는 산이 있고, 앞으로는 탁 트인 들판과 강이 있는 곳에다 남쪽을 향해 집을 지었어요. 남쪽을 바라보는 집은 하루 종일 햇볕이 잘 들고, 겨울에 뒷산에서 불어오는 찬바람을 막아 주었어요.

신분에 따라 사는 집이 달라요

조선 시대까지 우리나라는 신분 사회였어요. 일반 백성은 작고 소박한 초가집에서 살았고, 신분이 높은 양반은 크고 넓은 기와집에서 하인들을 거느리고 살았지요.

백성의 집, 초가집

농사를 짓는 백성들은 대부분 초가집에서 살았어요. 초가집은 우리나라 자연환경과 잘 어울렸어요. 둥근 초가지붕은 뒷산을 꼭 빼닮았지요. 초가집은 튼튼한 소나무로 기둥을 세운 뒤 흙과 볏짚을 섞어 벽을 만들고 볏짚을 엮어 지붕에 얹었어요. 벼농사를 짓는 우리나라에서는 어디서

살림채
방과 마루, 부엌으로 이루어져 있어요.
방과 방은 마루로 연결되어 있어요.

마당
앞마당에서는 곡식을 타작하거나 잔치를 벌였어요.
뒷마당에는 장독대와 우물이 있어요.

부속채
소를 기르는 외양간, 곡식을 보관하는 곳간, 농기구를 보관하는 헛간이 따로 있어요.

나 쉽게 볏짚을 구할 수 있었어요. 지붕에는 호박이나 박 덩쿨을 올리기도 했지요.

볏짚과 흙으로 지은 초가집은 바람이 잘 통해요. 집 안이 축축해지거나 메마르지 않아 건강에도 좋지요. 볏짚은 속이 비어 가볍기 때문에 지붕이 무너질 염려가 없어요. 또 뜨거운 햇볕을 잘 막아 주기 때문에 여름에는 시원했지요. 볏짚 겉면이 매끄러워서 빗물이 잘 흘러내려 빗물이 스며들지 않아요. 소나무 기둥은 잘 썩지 않아 수백 년이 지나도 지붕을 잘 받쳐 주지요. 일 년에 한 번 추수가 끝난 뒤에 새 볏짚으로 초가지붕만 갈아 주면 되었어요.

초가집은 재료를 쉽게 구할 수 있었고, 집의 구조도 간단해서 직접 짓거나 마을 사람들이 함께 힘을 합쳐 짓기도 했어요. 보통 방 2칸, 부엌 1칸 해서 3칸짜리 집이 많았어요. 그래서 초가집을 '초가삼간'이라고도 부르기도 해요. 평민의 집은 마당을 사이에 두고 살림을 하는 살림채와 짐승을 기르거나 농기구 등을 보관하는 부속채로 나뉘어 있었고, 지역마다 집의 모양도 다양했어요.

양반의 집, 기와집

옛날에는 집이 신분과 부를 나타내는 상징이었어요. 양반은 기와집을 크고 화려하게 지어 자신의 권위와 힘을 뽐냈어요. 기와지붕은 곡선을 그리며 하늘로 뻗어 나갔고, 대문도 주변의 건물보다 높이 만든 '솟을대문'이었어요.

기와집은 기와지붕의 모양이 아름다울 뿐만 아니라 비바람도 잘 견디고 오래가지요. 천년을 간다고도 해요. 하지만 기와는 만드는 과정이 복잡하고 까다로웠어요.

기와집은 초가집에 비해 크기도 훨씬 크고 집 안의 구조도 굉장히 복잡

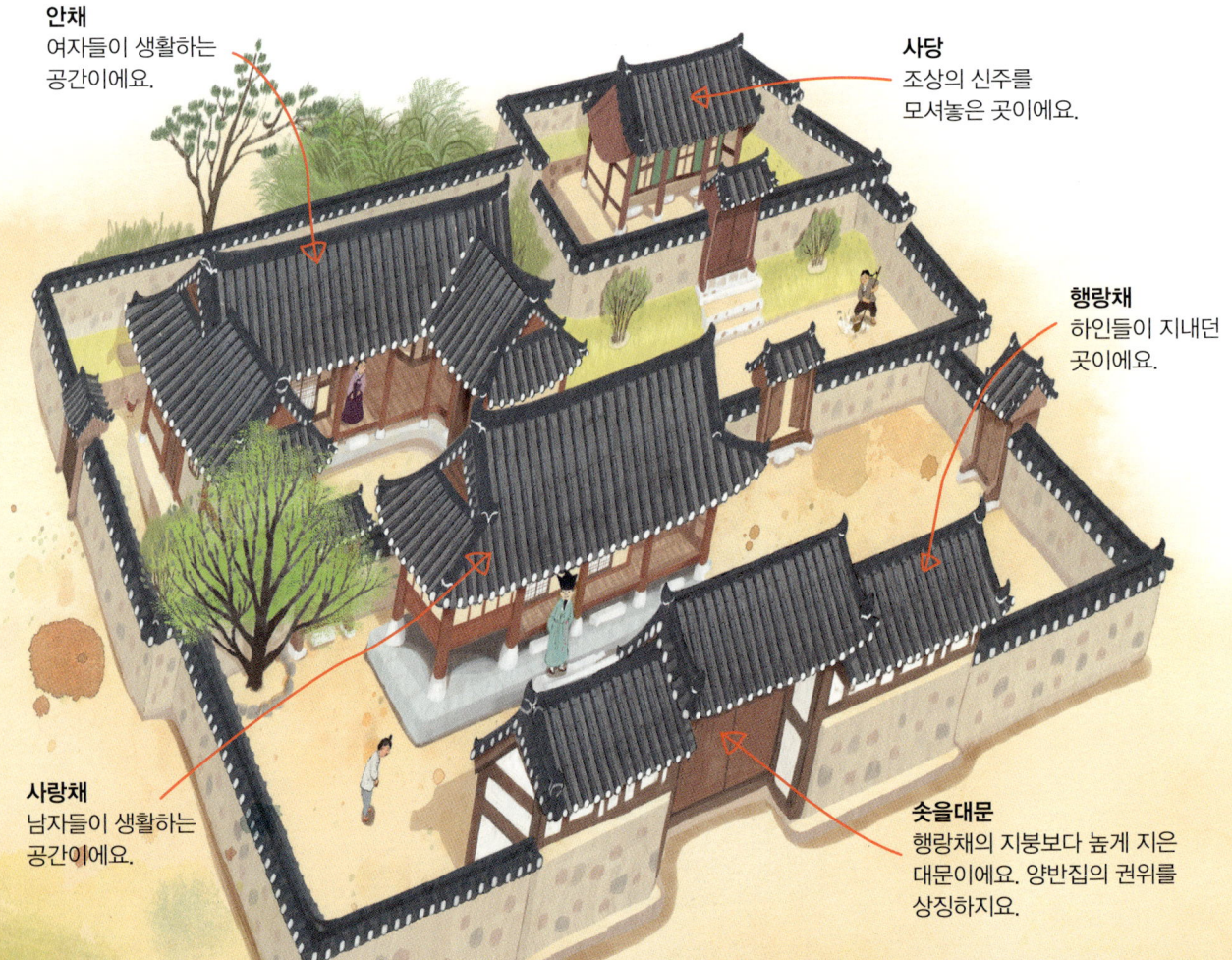

안채 여자들이 생활하는 공간이에요.

사당 조상의 신주를 모셔놓은 곳이에요.

행랑채 하인들이 지내던 곳이에요.

사랑채 남자들이 생활하는 공간이에요.

솟을대문 행랑채의 지붕보다 높게 지은 대문이에요. 양반집의 권위를 상징하지요.

해요. 안채, 사랑채, 행랑채, 사당 등의 건물이 들어서 있고, 각 건물 사이에는 담과 문을 세워 놓아 마치 작은 마을 같았지요.

조선 시대는 신분과 남녀의 구분을 엄격하게 따지는 유교 사회였어요. 유교는 집의 구조에도 큰 영향을 미쳤어요.

집 안에 남자와 여자가 사는 곳이 따로 있었어요. 여자와 아이들은 집에서 가장 안쪽에 있는 안채에서 생활했어요. 안채에서 집안일을 돌보고, 아이들을 기르며, 음식을 만들었지요. 남자들은 안채와 따로 떨어진 사랑채에서 생활했어요. 사랑채에서 잠도 자고 공부도 하고 손님도 맞았지요. 사랑채 앞에는 정원과 연못을 꾸며 풍류와 여유를 즐겼어요. 벼슬이 높은 양반집에는 조상에게 제사를 지내는 사당이 따로 있었어요.

주인과 하인이 사는 곳도 따로 있었어요. 주인은 마당 안쪽에 있는 기와집에서 살았지만 하인들은 대문 양쪽에 있는 행랑채에서 살았어요.

돈 많고 권세가 높은 양반이 사는 기와집은 수십 칸이 넘었어요. 가장 크게 지을 수 있는 크기는 아흔아홉 칸이었지요. 왕이 사는 궁궐만이 백 칸 이상 지을 수 있었거든요.

가장 큰 집, 궁궐

'궁'은 왕과 가족들이 생활하던 곳을 말하고, '궐'은 궁을 둘러싼 성벽을 뜻해요. 왕이 사는 궁궐은 나라에서 가장 크고 으리으리한 집이에요. 왕의 힘을 보여 주기 위해 크고 화려하게 지었지요.

삼국 시대부터 고려 시대까지의 궁궐

고구려, 백제, 신라의 궁궐은 남아 있지 않아요. 하지만 고구려의 궁궐은 안학궁 터와 국내성 유적을 통해 알 수 있어요. 안학궁은 장수왕 때 평양 대성산 아래에 지어진 궁궐로, 50여 채의 건물 터가 발견되었어요. 국내성의 궁터는 중국의 지안 성에 남아 있지요.

백제의 궁궐은 남아 있는 유적이 없어서 정확히 알 수 없어요. 하지만 《삼국사기》의 기록을 통해 백제의 궁궐은 매우 크고 화려하며, 건축 기술도 뛰어났다는 사실을 짐작할 수 있어요.

신라의 궁궐은 경주에 있는 월성 터를 통해 알 수 있어요. 《삼국유사》에 월성에 관한 이야기가 실려 있어요. 월성이 있던 곳은 원래 신라의 귀족 호공의 집이 있었는데, 탈해왕이 그 터를 가지고 싶었대요. 그래서 꾀를 써서 호공의 집을 빼앗고는 월성을 지었다는 이야기가 전해지고 있어요.

고려의 궁궐은 북한의 개성에 남아 있는 만월대 터를 통해 알 수 있어요. 13개의 성문과 15개의 궁문이 있었다는 기록이 전해져요.

조선의 5대 궁궐

조선 시대의 궁궐로는 경복궁, 창덕궁, 덕수궁, 경희궁, 창경궁이 있어요. 이를 조선의 '5대 궁궐'이라고 해요. 궁궐은 쓰임새에 따라 법궁과 이궁으로 나누어져요. 법궁은 왕이 항상 머무는 곳으로, 가장 중요한 궁궐이지요. 이궁은 법궁에 불이 나거나 전염병이 돌 때 왕이 옮겨 가던 궁궐이에요. 조선 초기의 법궁은 경복궁이었고, 이궁은 창덕궁이었어요. 임진왜란 때 경복궁이 불에 타자 창덕궁이 법궁이 되고, 경희궁은 이궁이 되었지요.

지금 우리가 볼 수 있는 조선의 궁궐은 옛날 그대로의 온전한 모습이 아니에요. 전쟁이나 화재로 불타 없어지기도 하고, 일제 강점기 때 파괴되기도 했기 때문이에요. 근대에 서양식으로 지어진 건물도 있고요. 지금도 궁궐의 옛 모습을 다시 찾기 위해 복원 작업을 하고 있지요.

창덕궁의 후원

덕수궁의 석조전

경희궁의 숭정전

창경궁의 명정문

경복궁 근정전

궁궐 구경하기

궁궐은 왕이 항상 머물면서 신하들과 함께 나랏일을 돌보던 곳이에요. 그래서 궁궐에는 왕이 나랏일을 돌보던 곳, 일상생활을 하는 곳, 휴식을 취하는 곳이 있어요. 또 신하들이 나랏일을 하는 곳도 있지요.

'정전'은 궁궐의 중심 건물로서 왕의 권위와 위엄을 보여 주는 곳이에요. 그래서 궁궐에서도 가장 화려하고 웅장하게 지었지요. 경복궁의 정전은 '근정전'이고, 창덕궁의 정전은 '인정전'이에요. 왕의 즉위식이나 세자의 책봉식 등이 열렸어요. 나라의 중요한 행사가 열리면 왕은 계단 위 용상에 앉아 있고 신하들은 넓은 마당에 쭉 늘어서 있었지요.

'편전'은 왕이 신하들과 함께 나랏일을 의논하던 곳이에요. 경복궁의 편전은 '사정전', 창덕궁의 편전은 '선정전'이에요. 왕의 공식적인 일터예요.

창덕궁과 창경궁의 모습을 그린 〈동궐도〉

잔치를 베풀던 경복궁의 경회루

왕비가 지내던 경복궁의 교태전

 외국에서 사신이 오거나 나라에 큰 경사가 있을 때는 큰 누각에서 잔치를 베풀었어요. 경복궁 안에 있는 '경회루'가 그런 곳이에요.

 왕은 하루 일을 마치고 나면 '침전'으로 가요. 침전은 왕이 잠을 자거나 쉬는 곳이에요. 경복궁의 침전은 '강녕전'이고, 창덕궁의 침전은 '대조전'이에요. 대조전은 왕과 왕비가 함께 사용한 침전이에요. 그런데 침전의 지붕 꼭대기에는 용마루가 없어요. 왕이 용이니까 왕이 자는 곳 위에 다른 용이 있으면 안 되기 때문이에요.

 궁궐의 맨 안쪽에 왕비가 지내는 내전이 있어요. 내전은 궁궐 안에서도 가장 깊숙한 곳에 있지요. 왕비는 내전에서 살면서 궁궐 안의 모든 여인들의 일을 맡아 다스렸어요. 경복궁의 중궁전은 '교태전'이에요. 교태전에도 용마루가 없지요.

 다음 왕이 될 세자는 궁궐 안 동쪽에 있는 '동궁'에서 따로 살았어요. 세자가 동쪽에서 뜨는 해처럼 새로운 세상을 열어 가라는 뜻이에요. 동궁은 왕이 일하는 편전 옆에 있어서 종종 왕이 들러서 미래의 왕이 될 세자가 생활하는 모습을 살펴보기도 했어요.

한옥에는 자연이 담겨 있어요

부드러운 곡선으로 되어 있는 기와지붕

한옥에는 아름다운 자연이 고스란히 담겨 있어요. 우리 조상들은 둥근 산과 굽이굽이 흐르는 강이 있는 곳에 집을 지었어요. 집을 지을 때도 화려하지 않게 소박하면서도 아담하게 지어 주변의 자연환경과 어우러지게 했어요.

한옥을 짓는 재료는 모두 자연에서 얻은 재료예요. 지붕은 짚이나 기와로 만들고, 벽은 볏짚과 흙을 섞어 세우고, 기둥, 서까래, 마루, 문과 문틀은 나무로 만들었어요. 문과 문틀 위에는 한지를 발랐지요. 방바닥에도 한지를 깔고 난 뒤에 콩기름을 여러 차례 발라 방수가 되게 하였어요. 자연 재료로 만들어진 한옥은 사람들의 건강에도 이롭고, 낡으면 다시 자연으로 그대로 되돌아가서 자연에도 이로웠지요.

한옥의 선은 주위의 자연과 닮았어요. 초가지붕은 둥근 뒷산과 닮았어요. 기와집 처마의 곡선은 한옥에서 가장 아름답다고 꼽혀요. 마치 학이 내려와 앉은 듯한 부드러운 곡선이에요. 자칫 크고 무겁게 느껴질 수 있는 기와지붕을 곡선으로 처리해서 가볍게 느껴지도록 한 거예요.

한옥 마당에는 일부러 정원을 꾸미지 않았어요. 담을 낮게 해서 집에서 밖을 바라보며 자연의 변화를 늘 느낄 수 있도록 했지요. 정원은 사랑채 근처나 집 뒤편에 꾸몄어요. 정원을 꾸밀 때도 땅의 모양이나 나무의 모습을 함부로 바꾸지 않고 자연의 모습 그대로 만들었지요.

처마는 햇빛을 살짝 가려 주고 마루는 바람이 들고 나갈 수 있도록 했어요. 한옥의 문은 문에 바른 한지가 공기를 통과시켜서 바깥의 공기가 자연스럽게 방 안으로 순환되도록 했어요. 햇빛과 달빛도 적당히 조절해 주었지요. 햇빛과 바람이 못 들어오게 막는 다른 나라의 문과는 크게 다르지요.

이렇게 한옥에는 자연과의 조화를 최고 이상으로 삼았던 우리 조상들의 생각이 곳곳에 담겨 있어요. 한옥에서는 자연과 집, 그 속에 살고 있는 인간이 하나가 될 수 있었지요.

둥근 산의 모양을 닮은 초가지붕

초가지붕이 둥근 산을 닮았어.

마루와 온돌은 한옥의 자랑이에요

우리 조상들은 집에 마루와 온돌을 두어 더운 여름과 추운 겨울을 슬기롭게 보냈어요. 온돌과 마루가 함께 있는 구조는 세계 어느 곳에서도 찾아볼 수 없는 한옥만의 특징이지요.

여름에는 바람이 잘 통하는 마루

한옥에서는 방과 방 사이에 넓은 마루를 두어 바람이 잘 통하게 해요. 남쪽 지방에서부터 북쪽 지방에 이르기까지 마루가 빠진 한옥은 상상할

마루 밑에는 비어 있어서 마루 틈새로 바람이 솔솔 들어와.

여름에는 대청마루에서 자면 정말 시원해.

툇마루 쪽마루 누마루

수 없을 정도로 마루는 아주 중요해요. 특히 북쪽보다 여름이 더 더운 남쪽 지방에서 마루가 더 발달했지요. 마루에는 소나무를 잘라 만든 송판을 깔았어요. 마루는 바닥에 바로 깔지 않고 바닥보다 조금 높게 만들고 마루 밑은 텅 비워 두었어요. 그러면 마루 밑에서 시원한 공기가 마루 틈새로 들어와 한여름의 더위를 식혀 주었지요.

마루는 쓰임새에 따라 대청마루, 쪽마루, 툇마루, 누마루 등으로 나눌 수 있어요. 그중 대청마루는 안방과 건넛방 사이, 집 한가운데 있어서 집에서 가장 중요해요. 대청마루는 앞뒤가 시원하게 트여 있어요. 대청마루 바로 앞에는 앞마당이 있고, 뒷문을 활짝 열면 바로 뒷마당과 연결되지요. 뒷산에서 불어오는 시원한 바람이 뒷마당을 지나 마루 쪽으로 불어오게 되지요. 더운 여름날에는 대청마루에서 거의 모든 생활이 이루어졌어요. 대청마루에서 음식을 먹고 잠도 잤지요. 가족들이 함께 모이거나 집안의 중요한 행사를 치를 때도 대청마루에서 했어요.

툇마루는 통로처럼 방을 연결해 주는 마루이고, 쪽마루는 방으로 바로 들어 갈 수 있도록 건물 밖으로 나오게 낸 마루예요. 누마루는 다락처럼 높게 만든 마루로, 주로 양반집 사랑채에 만들었어요. 누마루에는 문을 달아 방처럼 쓰기도 했어요.

우리 조상들의 위대한 발명품, 온돌

우리 조상들은 방바닥에 온돌을 놓아 겨울을 따뜻하게 보냈어요. 온돌은 불을 때서 음식도 만들고 방도 데울 수 있는 놀라운 난방 장치예요. 한 번 불을 때면 열기가 쉽게 식지 않아 오랫동안 따뜻하지요.

온돌은 신석기 시대의 움집 화덕에서 시작됐어요. 신석기 시대 사람들은 불길이 번지고 불이 꺼지는 것을 막으려고 화덕 둘레에 돌을 쌓았어요. 불을 피우면 화덕 둘레의 돌까지 따뜻해졌는데, 불이 꺼진 뒤에도 돌에는 열기가 오랫동안 남아 있었어요.

철기 시대에는 사람들과 살림이 늘어나고 집에서 할 일이 많아져서 움집 한가운데 있는 화덕이 불편해졌어요. 그래서 화덕을 귀퉁이로 옮기고 연기가 빠지도록 구멍을 냈어요. 연기가 빠지는 구멍이 길어지면서 온돌이 생겼어요. 온돌은 '구들'이라고도 해요.

고려 후기에 들어와서는 방 전체를 데우는 온돌을 놓았어요. 방바닥에 불의 열기가 지나가는 고래를 놓고, 그다음에 넓적한 돌로 구들장을 덮고 구들장 위에 흙을 발랐어요. 아궁이 반대쪽에는 연기가 나가도록 굴뚝을 만들었지요. 부엌의 아궁이에서 불을 때면 불기운이 고래를 타고 올라가 방바닥을 뜨끈히 데웠어요. 굴뚝으로는 연기가 밖으로 빠져나갔지요. 아궁이와 가장 가까운 '아랫목'은 방에서 가장 따뜻해서 집안에서 가장 나이 많은 어른만이 앉을 수 있었어요.

1904년 우리나라에 온 스웨덴 기자, 아손 크렙스텐는 '한국 사람들은 밤마다 펄펄 끓는 방바닥 위에서 빵처럼 구워지는 게 습관이 되어 있다.'

고구려의 쪽구들

라고 기록했어요.

온돌은 추위를 이겨내기 위해서 오랜 세월을 거치며 우리 조상들이 만들어 낸 위대한 발명품이에요.

온돌의 구조

아궁이
밥을 짓고 방을 따뜻하게 하기 위해 불을 지펴요.

구들장
구들장이 차례차례 달구어지며 방이 따뜻해져요. 돌로 깐 구들장은 열을 오랫동안 유지시켜요.

굴뚝
연기가 빠져나가요.

방고래
아궁이에서 나온 열과 연기가 지나가는 길이에요.

온돌 덕분에 추운 겨울에도 따뜻하게 지낼 수 있어.

겨울에 따뜻한 방에 있으면 기분이 좋아.

궁금증 해결사

우리는 왜 좌식 생활을 할까요?

우리가 좌식 생활을 할 수 있는 것은 온돌을 깔아 바닥이 따뜻하기 때문이에요. 다른 나라는 바닥이 차갑기 때문에 입식 생활을 하는 거예요. 우리처럼 방바닥 전체에 온돌을 까는 나라는 없어요. 중국과 일본도 온돌이 있지만 바닥 일부만 데우는 역할을 하지요. 서양의 벽난로는 방 안에서 직접 불을 때요. 그래서 방 안에 재가 날리고, 연기가 가득 찰 수 있어요. 벽난로를 때면 공기는 따뜻해지지만 바닥은 데워지지 않아서 신발이나 덧신을 신어야 해요. 물론 그냥 바닥에 앉을 수도 없지요.

기후에 따라 집의 구조가 달라요

 한옥은 지역에 따라 모양과 구조가 조금씩 달라요. 우리나라는 남북의 길이가 길어 지역에 따라 기후가 다르기 때문이에요.
 북쪽 지방은 남쪽보다 겨울이 훨씬 춥고 길어요. 그래서 추위와 바람을 잘 막고 겨울을 따뜻하게 보낼 수 있도록 집을 짓지요.
 북쪽의 집은 'ㅁ' 자 모양을 하고 있어요. 부엌, 방, 외양간까지 모두 집 안에 있어 추운 겨울에도 집 안에서 모든 일을 할 수가 있지요. 방과 방은 바로 붙어 있고, 마루는 없어요. 대신 부엌과 안방 사이에 '정주간'이 있지요. 정주간은 벽 없이 부뚜막과 방바닥을 하나로 이어 만든 곳이에요. 사람들은 추운 겨울에 따뜻한 정주간 바닥에 앉아 밥도 먹고 일도 했지요.

정주간

 남쪽 지방은 여름이 덥고 길어요. 더위를 막고 바람이 잘 통하도록 집을 지었어요. 남쪽 지방의 집은 'ㅡ' 자 모양을 하고 있어요. 방과 방 사이에는 넓은 대청마루를 두었고, 바람이 잘 통하게 방문과 창문을 많이 만들었어요.
 중부 지방에서는 한겨울 북쪽에서 불어오는 추운 바람과 한여름에 남쪽에서 불어오는 더운 바람을 막기 위해 'ㄱ' 자나 'ㄷ' 자로 지은 집을 많이 볼 수 있어요.

쉽게 구할 수 있는 재료로 지어요

옛날 사람들은 주위에서 쉽게 얻을 수 있는 재료로 집을 짓고 살았어요. 가장 많이 볼 수 있는 집은 볏짚으로 지붕을 이은 초가집이에요. 벼농사를 많이 지어서 볏짚을 쉽게 구할 수 있었기 때문이에요. 벼농사를 짓지 못하는 산속이나 바닷가 마을에 사는 사람들은 그 지역에서 많이 나는 재료로 지붕을 덮었지요.

깊은 산속의 너와집과 굴피집

깊은 산속에 사는 사람들은 '너와집'이나 '굴피집'을 짓고 살았어요. 기와가 흙으로 빚어 만들었다면 너와는 소나무를 기와처럼 쪼개 만든 작은 널빤지예요. 너와는 널빤지로 만든 기와란 뜻이지요. 너와집은 수십 년이 지나도 풀이 자라거나 이끼가 끼지 않고 튼튼했어요. 그래서 산간 마을에서는 너와집을 으뜸으로 쳤지요. 너와집은 여름에는 너와 틈새로 바람이 잘 통해 시원하고, 겨울에는 눈이 지붕에 쌓여 따뜻한 기운이 밖으로 새어 나가지 않아 따뜻해요.

굴피집은 참나무의 두꺼운 껍질인 굴피로 지붕을 덮은 집이에요. 굴피는 건조하면 바짝 오그라들어요. 그러면 굴피 사이에 틈이 생겨서 그 사이로 바람이 잘 통하지요. 비가 많이 내려도 굴피가 습기를 머금고 부풀어서 틈새를 메우기 때문에 비가 새지 않았어요.

우데기를 세운 울릉도 투막집

겨울에 눈이 많이 내리는 울릉도는 눈이 많이 쌓여도 생활할 수 있도록 지었어요. 벽은 튼튼한 통나무를 가로로 쌓아 진흙으로 두툼하게 메웠고, 지붕은 억새로 촘촘히 이어 '투막집'을 지었어요.

지붕의 처마 끝을 따라 집 바깥쪽에 억새나 옥수숫대로 울타리를 세웠어요. 이런 울타리를 '우데기'라고 해요. 우데기는 눈이 많이 와도 눈이 집 안으로 들어오지 못하도록 막아 주지요. 처마 끝을 따라 우데기를 세우면 집과 우데기 사이에 공간이 생겨요. 이곳에 생활 도구와 땔감, 양식을 두었지요.

억새로 엮어 꽁꽁 맨 제주도 샛집

바람이 많이 부는 제주도는 바람을 적게 맞도록 집을 아주 낮게 지어요. 벽은 굵은 돌을 쌓고 흙으로 메워 튼튼하게 만들고, 지붕은 억새를 이어 만들었어요. 바람 때문에 지붕이 날아가지 않도록 지붕 위에 다시 억새를 엮어 꽁꽁 맸어요. 억새로 지은 제주도의 집을 '샛집'이라고 해요. 집 주위로는 돌담을 둘러 거센 바람을 막았지요.

제주도의 정낭과 정주석

제주도의 집에는 대문이 따로 없고, 정낭이 있었어요. 정낭을 보면 주인이 집에 있는지 없는지 알 수 있었어요. 정주석(정낭을 거는 돌)에 정낭이 세 개 걸리면 주인이 외출한 거고, 한 개 걸리면 밭이나 가까운 곳에 간 거고, 세 개 모두 내려져 있으면 주인이 집 안에 있는 거예요.

돌로 지붕을 얹은 청석집

석탄이 나는 탄광 지역에서는 '점판암'이라는 돌로 지붕을 올려요. 점판암은 검으면서도 푸른 빛깔이 감돌아 '청석'이라고도 하는데, 얇게 잘 쪼개지는 성질이 있지요. 얇게 쪼개진 돌을 하나하나 비스듬하게 포개어 기와처럼 지붕에 얹어요. 그래서 청석집은 '돌기와집' 또는 '돌너와집'이라고도 해요. 돌이 미끄러질 수 있기 때문에 지붕의 경사를 완만하게 하지요. 돌을 올린 지붕은 오랜 세월이 지나도 썩거나 무너질 염려가 없기 때문에 청석집은 천년이 간다고 할 만큼 튼튼해요.

청석을 올린 지붕

궁금증 해결사

제주도의 뒷간에는 돼지가 살았다고요?

옛날 가난했던 제주도 사람들에게 돼지는 소중한 가축이었어요. 집집마다 '통시'라는 곳에서 돼지 한두 마리를 길렀지요. 통시는 변소와 돼지가 사는 돼지 막으로 되어 있고 사방을 돌담으로 빙 둘러 쳐 놓았어요.

돼지는 돼지 막에서 사람의 배설물을 먹거나 음식물 찌꺼기를 먹고 살았어요. 때로는 변소까지 들어와 있기도 하였지요. 변소에는 지붕이 없었지만 돼지가 사는 돼지 막은 샛집처럼 지붕을 이어서 돼지가 편히 쉴 수 있도록 했어요.

통시 ▶▶▶

한옥이 달라졌어요

지금은 한옥에서 사는 사람이 많지 않아요. 그런데 1960년대까지만 해도 대부분의 사람들은 한옥에서 살았어요. 그때까지만 해도 한옥은 그냥 '집'이라고 하고, 서양식 집을 '양옥'이라고 따로 불렀지요.

1970년대부터 도시 사람들은 한옥을 헐고 생활하기 편리한 양옥을 짓기 시작했어요. 또 도시로 농촌 사람들이 몰려들어 집이 부족해지자 아파트를 세우기 시작했지요.

오늘날 대부분의 사람들은 양옥이나 아파트에서 살아요. 그렇지만 양옥과 아파트는 우리에게 편리함을 선물해 준 대신 빼앗아 간 것도 많아요. 사람들이 이사를 자주 다니게 되면서 집은 잠시 사는 곳이 되어 버렸어요. 마당이 없어지고 담이 높아지면서 이웃과 함께 어울리는 공동체 문화가 사라졌지요. 가족들은 자기 방에서 문을 닫고 생활하게 되면서 가족끼리 함께할 시간이 줄어들었어요.

요즘은 집에 대한 생각이 조금씩 달라지고 있어요. 자연과 어우러지도록 지어진 한옥이 멋도 있고 건강에도 좋다고 생각하는 사람들이 부쩍 늘어나고 있지요. 그래서 한옥의 멋을 살리면서도 생활하기 편리하게 고쳐서 사는 사람이 늘고 있어요. 아궁이 대신에 보일러를 놓고, 목욕탕이나 화장실 등에는 현대적 시설을 설치하지요. 점점 많은 사람이 한옥과 양옥의 장점을 살린 아름다운 한옥에서 살고 싶어 해요.

한눈에 보는 우리의 집

우리 조상들은 아주 오래전부터 이 땅에 집을 짓고 살았어요. 처음에는 움집을 짓고 살았지만 점점 발전하여 한옥이 되었지요. 우리 민족이 살던 집을 한눈에 살펴보아요.

단양 금굴
이동 생활을 하면서 동굴이나 바위틈에서 살았어요.

서울 암사동 움집
땅을 파서 나무 기둥을 세우고 풀로 지붕을 덮어 움집을 지었어요.

구석기 시대 · 신석기 시대 · 철기 시대 · 삼국 시대

춘천 율문리 주거 유적지
땅 위에 벽을 세우고 지붕을 올렸지요. 지붕은 풀이나 짚을 덮었어요. 철기 시대에 초가집이 시작됐어요.

고분 벽화에 그려진 고구려 집
고구려 귀족들은 집이 여러 채로 나누어진 기와집에서 살았어요.

아산 맹씨 행단
고려 시대 살림집의 모습을 간직한 맹씨 행단은 가운데 대청을 두고 양 옆에 온돌방을 들였어요.

안동 하회마을 기와집
양반들은 남녀가 사는 곳을 구분해서 집을 지었어요. 또 주인과 하인이 사는 곳도 구분했어요.

고려 시대 　 조선 시대 　 현대

왕의 조상을 모시던 종묘
조선의 역대 왕과 왕비의 신주를 모시던 왕실의 사당이에요. 조선 시대는 조상을 극진히 섬겼어요.

현대의 아파트
1970년대 이후 한옥은 빠른 속도로 사라지고 양옥과 아파트가 들어섰어요.

6장 세계의 집 이야기

마루 위에 지은 집, 땅속에 지은 집, 물 위에 떠 있는 집!
어때요? 생각만 해도 신기하지요.
사람들은 주변에서 쉽게 구할 수 있는 재료로 집을 짓고 살아요.
나무가 많으면 나무로, 돌이 많으면 돌로 집을 지었지요.
또 기후의 영향을 많이 받았어요. 더우면 바람이 통하도록 짓고,
추우면 추위를 막기 위해 노력했지요.
세계 곳곳에는 어떤 집들이 있는지 알아보아요.

사는 곳에 따라 다양한 세계의 집

세계 어느 곳에 살든 사람들은 집을 짓고 살아요. 추위와 더위를 피하기 위해, 자연재해와 해로운 동물로부터 몸을 보호하기 위해서예요.

집은 나라에 따라 모양이 달라요. 세계 곳곳에는 나라 수만큼이나 다양한 모양의 집이 있어요. 집의 모양은 자연환경의 영향을 가장 많이 받지요. 사람들이 자연환경에 잘 적응하고 편안하게 살 수 있을까를 늘 고민하기 때문이에요.

더운 나라에서는 바람이 잘 통하는 시원한 집을 지어요. 추운 나라에서는 추위에 견딜 수 있도록 따뜻한 집을 짓지요. 비와 눈이 많이 오는 지역에서는 홍수와 폭설에 대비할 수 있는 모양의 집을 지어요.

집을 만드는 재료도 자연환경의 영향을 받아요. 주변에서 가장 구하기 쉬운 재료로 집을 짓기 때문이에요. 나무가 많은 곳에서는 통나무집을, 얼음이 많은 곳에서는 얼음집을 볼 수 있어요.

또 집의 모양은 사람들이 살아가는 모습과 관련이 있어요. 한 집에 여러 가족이 모여 사는 집은 집 안이 마을처럼 생겼어요. 여기저기 옮겨 다니며 생활하는 사람들은 쉽게 집을 짓고 부술 수 있도록 간단하게 집을 짓지요.

이처럼 집의 모양은 그 안에 사는 사람들이 어떤 환경에서 살고 있으며, 어떻게 살아가는지 알려 준답니다.

6 세계의 집 이야기 173

기후에 따라 집의 모양이 달라요

사람들이 사는 집은 기후에 큰 영향을 받아요. 더운 곳에서는 햇빛을 막아 주고 바람이 잘 통하도록 집을 지어요. 추운 곳에서는 찬바람과 눈을 막아 주는 집을 지어요. 비가 많이 오는 곳에서는 지붕을 가파르게 하여 빗물이 집 안에 스며들지 않도록 하고, 건조하고 뜨거운 사막에서는 강한 햇볕과 모래바람을 막으려고 창문을 작게 만들어요.

무더운 아마존 밀림 지역의 집

아마존 밀림에 사는 야노마미 족은 '샤보노'라고 하는 크고 둥그런 집에 여러 가족이 함께 살아요. 샤보노는 밀림에서 쉽게 구할 수 있는 나무로

야노마미 족이 사는 샤보노

야노마미 사람들은 커다란 집에 여러 가족이 함께 산대.

벽의 뼈대를 세우고, 야자 잎처럼 줄기가 긴 나뭇잎을 엮어 지붕을 덮지요. 새로 만든 샤보노는 방금 막 자른 나무로 만들었기 때문에 시원하고 신선한 숲의 냄새가 그대로 나지요.

샤보노에는 보통 25가구가 모여 살지만 400명이 넘게 사는 샤보노도 있어요. 각 가족들은 잘 때는 천장에 매달려 있는 해먹에서 자지요.

덥고 비가 많이 오는 동남아시아의 집

동남아시아는 일 년 내내 덥고 홍수가 잦아요. 그래서 집을 지을 때 여러 개의 나무 기둥을 세워서 땅에서 1~2미터쯤 높게 짓지요. 나무 기둥 위에 집을 지으면 홍수에 집이 잠기는 것도 막아 주고 땅에서 올라오는 습기도 막아 주지요. 바람도 잘 통해 시원하고요. 지붕은 경사를 급하게 해서 빗물이 잘 흘러내리도록 만들어요. 벽을 세울 때도 듬성듬성 틈을 내서 집 안에 바람이 잘 들어오도록 했어요.

동남아시아의 나무 기둥 위에 지은 집

일본의 다다미와 창호지 바른 문

습기가 많은 일본의 집

 섬나라인 일본은 습기가 많고 여름에 비가 많이 내려요. 그래서 일본 사람들은 집 안에 습기가 차지 않도록 창호지를 바른 미닫이문을 달았어요. 방바닥에는 골풀로 짠 '다다미'를 깔았고요. 이렇게 하면 바람이 잘 통해 집 안이 눅눅해지지 않아요. 또 일본은 지진이 자주 일어나요. 그래서 땅이 흔들려도 쉽게 무너지지 않는 목조 건물을 많이 지어요. 지진이 나면 나무가 뒤틀리면서 지진의 충격을 줄여 주지요.

거의 비가 오지 않는 사막 지역의 집

 비가 거의 오지 않는 사막 지역에서는 진흙으로 집을 지어요. 비에 진흙이 씻겨 나갈 염려가 없기 때문이에요. 게다가 진흙 집은 뜨거운 열과 추위를 잘 막아 주기 때문에 일교차가 심한 사막 지역에 알맞아요. 진흙을 햇볕에 말리거나 화덕에 구우면 벽돌처럼 단단해져요. 이 진흙 벽돌을 쌓은 다음, 찐득하게 만든 진흙을 벽돌 사이에 발라서 집을 지어요.

이집트의 진흙 집

겨울이 추운 북쪽 지역의 집

러시아, 캐나다, 북유럽은 겨울이 길고 몹시 추워요. 이 지역에는 질 좋은 나무들이 울창한 숲을 이루고 있지요. 그래서 주변에서 쉽게 구할 수 있는 통나무로 집을 지어요. 통나무를 옆으로 쌓아 올려 만들고, 지붕은 통나무를 비스듬하게 눕혀 짓지요. 나무와 나무 사이에 벌어진 틈은 진흙이나 이끼로 막고, 창문과 출입구는 찬바람과 눈이 들이치는 것을 막으려고 작게 만들어요. 통나무집은 아주 튼튼해서 겨울에 눈이 많이 오거나 찬바람이 불어도 끄떡없어요.

러시아의 통나무 집, 이즈바

6 세계의 집 이야기

다양한 재료로 집을 지어요

사람들은 자기가 사는 지역에서 쉽게 구할 수 있는 재료로 집을 지어요. 나무나 진흙, 돌, 풀은 모두 집을 짓는 재료가 되지요. 숲이 우거진 곳에서는 나무로 집을 짓고, 돌이 많은 곳에서는 돌로 집을 지어요. 가축을 기르는 곳에서는 동물 가죽으로 집을 짓기도 하지요.

대나무와 야자 잎으로 지은 필리핀의 바하이 쿠보

필리핀의 전통 집인 '바하이 쿠보'는 대나무와 야자 잎으로 만든 집이에요. 대나무로 기둥을 세우고 바닥을 깐 후에 야자 잎을 엮어서 지붕을 덮었어요. 습기와 홍수를 피하기 위해 마루를 높게 해서 짓지요. 바하이 쿠보는 뜨거운 햇빛을 막아 주고 바람이 잘 통해서 덥고 습기가 많은 필리핀에 알맞은 집이에요. 하지만

필리핀의 전통 집, 바하이 쿠보

바람이 잘 통해서 좋겠다.

비가 많이 오면 지붕이 새기 때문에 2년에 한 번은 지붕을 새로 갈아 주어야 해요.

석회암으로 지은 그리스의 하얀 집

그리스는 하얀 석회암과 질 좋은 대리석이 많아요. 그래서 집도 석회암이나 대리석으로 짓고, 석회로 집을 하얗게 칠하지요. 그 대신 문과 창살은 파란색, 빨간색, 노란색, 초록색으로 칠해요. 눈부시게 하얀 집들은 짙푸른 지중해와 잘 어울려 멋진 풍경을 이루지요.

그리스의 여름은 아주 덥고 건조한데, 그리스 섬과 바닷가에는 나무가 거의 없어서 햇볕을 막아 주는 그늘이 없어요. 하얀 집은 강한 햇볕을 반사시켜서 집 안이 더워지는 것을 막아 준답니다.

푸른 바다와 잘 어울리는 그리스의 하얀 집

하얀 집은 햇볕을 반사시켜 집 안이 시원해.

들소 가죽으로 만든 인디언의 집

아메리카 인디언들은 물소 떼를 따라 초원을 옮겨 다니며 살았어요. 그래서 아메리카 인디언들은 언제든 옮겨 다닐 수 있도록 짓고 부수기 편한 '티피'라는 천막집을 지어요.

티피는 수십 개의 나무기둥 끝을 묶어서 세운 뒤에 물소 가죽을 씌우고 팽팽하게 잡아당겨 만들어요. 3미터가 넘는 티피를 덮으려면 20마리가 넘는 물소 가죽이 필요하지요. 아메리카 인디언들은 물소 가죽에 동물 그림 등을 그려 티피를 예쁘게 장식했어요.

가죽으로 지은 티피

소똥과 흙으로 지은 마사이 족의 집

마사이 족은 아프리카 넓은 초원에서 소를 키우며 살아요. 마사이 족은 집을 지을 때 소똥을 써요. 소똥은 소를 키우는 마사이 족이 가장 쉽게 구할 수 있는 재료예요. 나뭇가지로 얼기설기 만든 벽 위에 소똥과 흙을 섞어 바른답니다.

소는 풀만 먹고 살아서 똥에 섬유질이 많아 바람을 잘 통과시키기 때문에 소똥을 바른 집은 시원해요. 강한 햇빛 때문에 벽에 틈이 생길 때마다 흙과 소똥을 이겨 다시 때우지요.

소똥으로 지은 집

얼음으로 지은 이누이트의 집

북극에 사는 이누이트는 옛날에는 눈과 얼음으로 둥그런 집을 짓고 살았어요. 이 얼음집을 '이글루'라고 해요.

이글루는 집의 모양이 둥글어 매서운 바람이 비껴가게 만들어요. 얼음 벽돌 사이에는 틈새가 전혀 없어서 바람이 전혀 들어올 수 없어요. 또 문은 작고 낮게 만들고 문 입구에는 여러 장 겹쳐 만든 가죽을 출입구에 늘어뜨려서 다시 한 번 바람을 막지요. 지금은 이누이트도 이글루에 살지 않아요. 대신 사냥이나 여행할 때 눈보라를 피해 잠깐 머무는 피난처로 써요.

얼음으로 지은 집

땅 위에만 집을 짓나요?

대부분의 사람들은 땅 위에 집을 지어요. 그런데 물 위에 집을 짓거나 배를 집처럼 만들어서 사는 사람도 있지요. 그런가 하면 땅과 바위를 파고 그 안에서 사는 사람들도 있어요.

집도 되는 배

홍콩에 가면 강 위에 떠 있는 '삼판'이라는 배를 많이 볼 수 있어요. 삼판은 강을 따라 짐을 실어 나르는 조그마한 배지만 선실에서 가족이 함께 생활하는 집이기도 해요. 아버지는 강을 오르내리며 짐을 나르고, 아이들은 학교에 가는 대신 이동 교사들에게 교육을 받아요. 동남아시아 몇몇 나라의 강이나 항구에서도 집을 겸한 배를 볼 수 있어요.

집을 겸한 배, 삼판

신문이요, 신문!

바다 위에 지은 집

필리핀의 시탕카이 섬에 사는 바자우 족은 바다 위에 집을 짓고 살아요. 바다에 나무로 기둥을 박고 그 위에 집을 짓지요. 지붕은 야자 잎으로 덮어요. 야자 잎으로 지붕을 덮으면 시원하고 비가 올 때 시끄럽지 않아서 좋아요. 바자우 족 어린이들은 학교 갈 때나 친구 집에 놀러 갈 때도 배를 타고 가지요.

바다 위에 지은 집

> 더울 때는 집에서 바다로 뛰어들면 되겠다.

갈대 섬 위에 지은 집

페루의 티티카카 호에 사는 아이마라 족은 호수 위에 떠 있는 갈대 섬에서 살아요. 이 섬은 '토토라'라는 갈대를 층층이 쌓아서 만든 인공 섬이에요. 갈대 섬 위에는 갈대로 지은 집들이 옹기종기 모여 있어요. 아이마라 족은 갈대 섬에서 가축을 키우고, 물고기를 잡으며 살지요. 갈대는 잘 썩기 때문에 자주 갈아 줘야 해요. 썩은 갈대 위에 새 갈대를 겹쳐 쌓는답니다.

> 바다 위에 갈대로 뗏목을 만들고, 그 위에 집을 지은 거야.

갈대 섬 위에 지은 갈대 집

언덕을 파서 지은 집

중국의 황투 고원에는 동굴에 사는 사람이 많아요. 황투 고원은 지대가 높아서 집을 지을 나무가 부족해요. 그래서 언덕에 동굴을 파고 집을 만들어서 살아요. 황투 고원의 땅은 부드러워서 쉽게 동굴을 팔 수 있지요.

동굴에 지은 집은 더울 때에는 뜨거운 열기를 막아 줘서 시원하고, 추울 때는 반대로 열기를 머금어서 따뜻해요. 동굴 집은 땅 위에 지은 집처럼 잘 갖춰져 있어요. 방도 여러 개로 나뉘어 있고, 벽에는 흙이 떨어지지 않도록 석회를 바르거나 벽돌을 쌓기도 해요. 2층으로 된 동굴 집도 있어요.

언덕을 파서 지은 동굴 집

어때, 근사하지.

바위 속을 파고 지은 집

터키의 카파도키아에는 바위산을 파서 지은 집이 있어요. 바위산의 겉은 단단하지만 속은 부드럽기 때문에 바위를 파내서 쉽게 집을 지을 수 있어요.

새로 판 동굴의 겉면은 공기와 닿으면 단단해지지요. 그래서 여러 층에 걸쳐 튼튼한 동굴 집을 지을 수 있었어요. 요즘은 동굴 집을 곡식을 저장하는 창고나 동굴 식당, 동굴 호텔처럼 관광객을 위한 쉼터로 쓰고 있지요.

바위를 뚫어 지은 동굴 집

궁금증 해결사

미래의 집은 어떤 모습일까요?

미래에는 과학기술이 발달해서 집이 로봇이나 컴퓨터처럼 알아서 음식도 해 주고, 청소도 해 주고, 건강도 관리해 줄지 몰라요. 또 사람이 물속에서 자유롭게 살 수 있는 방법이 개발되어 넓디넓은 바닷속에서 집을 짓고 살 수 있을 지도 모르지요. 더 나아가 우주 시대가 열리면 달이나 화성에 집을 짓고 살 수 있을 거예요.

떠돌아다니는 사람들의 집

늘 떠돌이처럼 사는 사람들이 있어요. 사냥을 하러 떠돌아다니는 부족이나 가축에게 먹일 풀을 찾아 옮겨 다니며 생활하는 유목민이지요. 자주 옮겨 다니는 사람들은 집도 아주 간단하게 지어요. 주로 버리고 가거나 들고 다니기 편한 천막집을 짓지요.

몽골 유목민의 천막집, 게르

몽골 사람들은 말과 양을 몰고 풀을 찾아다니며 살았어요. 그래서 짓기도 편하고 헐기도 편한 '게르'라고 하는 큰 천막집을 지어요. 나무로 된 큰 우산살 같은 것을 펼쳐 지붕 뼈대를 만들고 나무 기둥을 세워요. 그다

몽골 유목민의 게르

음에 양털로 짠 넓은 천을 덮어서 집을 완성하지요.

게르는 세우는 데 1시간도 걸리지 않아요. 헐 때는 30분도 걸리지 않지요. 게르의 안도 근사해요. 한가운데 난로가 놓여 있고, 벽을 따라 침대와 가구가 놓여 있어요. 이동할 때 게르를 접어서 가져가지요.

사막의 목동, 베두인 족의 천막집

서남아시아와 북아프리카의 사막에 사는 베두인 족도 몽골 사람처럼 낙타, 염소, 양 떼를 거느리고 풀을 찾아 사막을 돌아다니며 살아요. 그래서 '사막의 목동'이라고 불러요.

베두인 족은 사막에서 풀밭을 찾으면 천막을 치고 한동안 머물러요. 천막집은 아주 쉽게 칠 수 있어요. 긴 막대기를 땅에 박고 그 위에 커다란 천으로 지붕을 덮고, 모래 바닥에 깔개를 깔면 집이 완성되지요.

천막은 염소 털로 짠 천으로 만든 거예요. 그래서 베두인 족은 자신들의 천막집을 '털로 만든 집'이라고 부르지요.

천막집은 한낮의 뜨거운 햇볕을 막아 주고, 밤의 추위로부터 보호해 주지요.

다른 곳으로 옮겨 갈 때는 천막을 접어 낙타에 싣고 가지요.

베두인 족의 천막집

베두인 족의 천막은 간편해 보여.

세계 곳곳을 떠돌아다니는 집시의 집

집시의 포장마차

집시는 유럽의 여러 지역을 떠돌아다니며 사는 민족이에요. 예전에 집시들은 지붕이 있는 커다란 포장마차를 타고 다니며 살았어요. 말이 끄는 포장마차는 떠돌아다니는 집시에게는 좋은 보금자리였지요.

요즘의 집시들은 아름답게 장식된 커다란 자동차를 타고 돌아다니며 살아요. 자동차 안에서 잠도 자고, 밥도 해 먹을 수 있지요. 동유럽의 여러 나라가 집시들에게 집과 학교를 지어 주고 일자리를 주며 정착시키려고 노력하고 있지만 집시들은 자유롭게 떠돌아다니는 걸 더 좋아해요.

최근 사람들에게 인기 있는 캠핑카는 옛날 집시들이 타고 다니던 포장마차를 본떠 만든 거예요. 캠핑카는 차 안에 침대, 싱크대, 가스레인지 같은 살림살이가 갖춰져 있어서 여행할 때 편리하지요.

사냥하며 사는 부시먼 족의 막집

부시먼 족은 아프리카의 칼라하리 사막에서 사냥을 하며 살아요. 부시먼 족은 스스로를 '해롭지 않은 사람'이라고 부르는데, 실제로 거의 싸움을 하지 않는 평화로운 종족이에요. 아주 오래전부터 사냥을 하거나 열매를 찾아서 일 년 내내 옮겨 다니며 살았어요.

남자들은 독화살과 활, 곤봉으로 사냥을 하고, 여자들은 열매와 나무뿌리를 모으고 막집을 짓지요. 부시먼은 집을 아주 간단하게 지어요. 주위에 있는 나무나 풀로 한두 시간이면 다 지을 수 있어요. 나뭇가지들을 땅에 박아 둥근 모양의 뼈대를 만들고는 그 위에 풀로 덮으면 그만이에요. 다른 곳으로 옮겨 갈 때는 살던 집을 그냥 버리고 가지요.

부시먼 족의 막집

독특하게 생긴 집

　인도네시아의 미낭카바우 족은 나무를 다루는 솜씨가 좋아 나무로 만든 공예품이나 조각을 아주 잘 만들어요. 집을 지을 때도 지붕의 모양을 물소의 뿔처럼 멋지게 만들지요.

　인도네시아의 토라자 족도 뛰어난 건축 기술을 가지고 있어요. 토라자 족의 집은 '통코난'이라고 부르는데, 배 모양의 지붕에 독특한 무늬가 있어요. 언덕 사이에 있는 토라자 족의 집들은 마치 배들이 바다를 항해하고 있는 것 같아요. 대나무로 집을 짓는데, 못을 하나도 쓰지 않고 정확히 계산에 맞추어 짓는다고 해요.

　이탈리아의 남쪽에 있는 알베로벨로 마을에는 고깔 모양의 뾰족한 지붕의 집, '트룰로'가 늘어서 있어요. 석회암으로 된 하얀 벽 위에 편평한 돌로 지붕을 원뿔 모양으로 높게 쌓았어요. 원뿔 모양의 지붕은 천정이 높아 물건을 넣기에 편리하고, 다락방처럼 쓸 수 있어요. 트룰로의 지붕은 순식간에 무너뜨릴 수 있어요.

　트룰로는 알베로벨로의 주민들이 옛날에 세금을 피하려고 만든 집이라고 해요. 옛날 이탈리아에서는 완성된 집에만 세금을 물렸대요. 마을 사람들은 세금을 걷는 관리가 나타나면 지붕을 순식간에 무너뜨려서 집이 완공되지 않은 것처럼 보이도록 했대요. 관리가 떠나면 하루 만에 지붕을 다시 쌓았다고 해요.

지붕이 물소 뿔처럼 생긴 집

지붕이 배처럼 생긴 집, 통코난

지붕이 고깔모자처럼 생긴 집, 트룰로

세계 여러 나라의 궁전

옛날에 왕들은 궁전에서 살았어요. 이제 대부분의 나라에서 왕은 사라졌지만 궁전은 자랑스러운 문화유산으로 남아 있지요.

영국의 버킹엄 궁

영국 왕의 공식적인 집이자 사무실이에요. 영국의 여왕, 엘리자베스 2세가 지금도 살고 있어요. 다른 유럽의 궁전에 비해 소박한 편이에요.

프랑스의 베르사유 궁

유럽에서 가장 웅장하고 화려한 궁전이에요. 프랑스 왕, 루이 14세가 지은 궁전으로 방만 700개가 넘어요. 특히 아름다운 정원으로 유명해요.

에스파냐의 알람브라 궁

세계에서 가장 아름다운 궁전으로 손꼽혀요. 13세기부터 15세기까지 에스파냐를 지배한 이슬람 왕조의 왕이 살던 궁전이에요. 이슬람 건축의 아름다움이 잘 나타나 있어요.

러시아의 크렘린 궁

러시아 왕이 살던 왕실이자 종교적 중심지예요. 러시아의 독특한 건축 양식이 잘 살아 있어요.

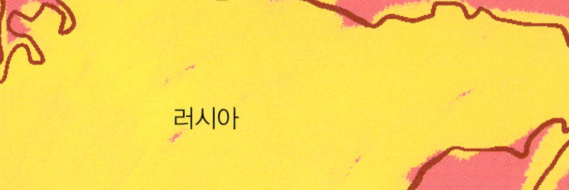

러시아

중국

티베트

중국의 쯔진청

중국 명나라와 청나라 왕이 살던 곳이에요. 방의 개수가 약 9,000개나 될 정도로 넓은 궁전이지요.

티베트 족의 포탈라 궁

중국 티베트 자치주의 주도인 라싸의 산기슭에 있어요. 옛 티베트 왕국의 지도자 달라이 라마가 살던 곳으로, 세계에서 가장 높은 곳에 있는 궁전이지요.

사진 출처

고려대학교박물관, 국립고궁박물관, 국립민속박물관, 국립중앙박물관, 굿이미지, 농촌진흥청, 단양군청, 동북아역사재단, 삼성박물관 Leeum, 서울 암사동유적, 아산시청, 연합뉴스, 울릉군청, 울주군청, 유로크레온, 이미지코리아, 풀무원김치박물관, AP통신, doopedia PhotoBox, Dreamstime, Photos, Shutterstock(Andrew Park, Attila JANDI, Attila JANDI, Bryan usovicki, CraigBurrows, Dietmar Temps, Hubertl, Maljalen, Marc van Vuren, Matej udovernik, Neale Cousland, OlegD, Pecold, POZZO DI BORGO Thomas, skyfish), Wikimedia commons(Alfred Weidinger from Vienna; Austria, Ansgar Walk, CC-BY-SA-2.0-KR, Cmacauley, d'n'c, gliuoo, Hari Singh, Hhaithait, Joon-Young im, Junho Jung at Flickr from South Korea, Luigi Chiesa, Marcin Białek, Peggy Greb, Robert at Picasa, User:Natrij, ZAC)

- 이 책에 실린 사진은 저작권자의 허락을 받아 게재한 것입니다.
- 저작권자를 찾지 못해 게재 허락을 받지 못한 일부 사진은 저작권자가 확인되는 대로 게재 허락을 받고 통상 기준에 따라 사용료를 지불하겠습니다.

| 찾아보기 |

ㄱ
가우초 · 67
가자미식해 · 113
간장 · 85
갈라비야 · 72
감자부침 · 113
갓 · 32
강정 · 104
게르 · 186
경회루 · 153
계례 · 37
고름 · 31
고배상 · 97
고추장 · 85
곡옥 · 46
곤룡포 · 21
과줄 · 102
관 꾸미개 · 46
관례 · 37, 94
관모 · 32
관옥 목걸이 · 46
광둥요리 · 122
9첩 반상 · 108
국 · 80
굴레 · 36
굴피집 · 162
궁궐 · 150
귀고리 · 43
귀밝이술 · 90
금귀고리 · 46
기모노 · 61
기와집 · 148
김치 · 82
까치두루마기 · 36

ㄴ
나막신 · 34
나초 · 130
난 · 139
남바위 · 32
너와집 · 162
노리개 · 40
누룩곰팡이 · 85
누마루 · 157
니카브 · 59

ㄷ
다다미 · 176
다식 · 103
단양 금굴 · 168
달 · 124
대님 · 29
대청마루 · 157
도브 · 62
도티 · 56
도포 · 28
돌상 · 94
동곳 · 41
동굴 집 · 184
동래파전 · 113
된장 · 85
두루마기 · 28
둥구미 · 34
뒤꽂이 · 43
떡 · 98
떡국 · 88
똥떡 · 98

ㄹ
라마단 · 137

로크포르 · 133

ㅁ
마루 · 156
마사이 족 · 68, 180
마살라 · 124
마오리 족 · 71
마파두부 · 123
막집 · 189
만타 · 55
맥적 · 78
먀오 족 · 72
메주 · 84
모시 · 22
목화 · 34
몽고풍 · 20
무명 · 23
물레 · 24
미투리 · 34

ㅂ
바자우 족 · 183
바게트 · 138
바하이 쿠보 · 178
반상 · 108
발효 식품 · 78
밥 · 80, 118
백설기 · 94
버킹엄 궁 · 192
베두인 족 · 187
베르사유 궁 · 192
베틀 · 24
보디스 · 64
복건 · 32
부럼 · 90

부르카 · 59
부시먼 족 · 189
비녀 · 42
비단 · 23
빗살무늬 토기 · 76
빵 · 118

ㅅ
사라판 · 73
사랑채 · 149
사롱 · 54
사리 · 56
살사 · 130
3첩 반상 · 108
삼계탕 · 92
삼베 · 16, 22
삼작노리개 · 40
삼판 · 182
삼회장저고리 · 30
상례 · 39
상차림 · 106
상하이요리 · 123
샛집 · 164
샤보노 · 174
서울 암사동 움집 · 168
소똥 · 180
송편 · 92
수라상 · 109
수르마 족 · 68
수리취떡 · 91
수수경단 · 94
수정과 · 100
시루 · 98
식혜 · 100
신선로 · 81

심의 · 37
12첩 반상 · 109
쓰개치마 · 30
쓰촨요리 · 123

ㅇ

아산 맹씨 행단 · 169
아얌 · 32
아오자이 · 60
아이마라 족 · 183
아파트 · 166, 169
안채 · 149
알람브라 궁 · 192
야노마미 족 · 52, 174
약과 · 104
에스카르고 · 132
에크멕 · 127, 139
엿 · 105
5K · 58
5첩 반상 · 108
오곡밥 · 90
오방색 · 26
옥비녀 · 47
온돌 · 158
옹기 · 86
우데기 · 164
우이필 · 66
운혜 · 34
움집 · 142
유밀과 · 79
이글루 · 181
이누이트 · 55, 181
이즈바 · 177
인스턴트식품 · 110
잉글리쉬머핀 · 138

ㅈ

장도 · 41
장독 · 87
장옷 · 30
전주비빔밥 · 112
절기 · 88
젓가락 · 120
정낭 · 164
정전 · 152
정주간 · 160
제비부리댕기 · 41
조랭이떡국 · 112
족두리 · 32
종묘 · 169
중국요리 · 122
진달래화전 · 91
진신 · 34
진흙 집 · 176
집시 · 188
짚신 · 34
쪽 · 26
쪽마루 · 157
쯔진청 · 193

ㅊ

차도르 · 59
처마 · 155
천막집 · 186
철릭 · 20
청석집 · 165
초가집 · 146
춘천 율문리 주거 유적지 · 168
치파오 · 60
7첩 반상 · 108

ㅋ

카라 · 58
카렌 족 · 70
카사바 · 119
캠핑카 · 188
커리 · 125
케바야 · 73
케밥 · 126
켄테 · 62
퀘사디야 · 130
크렘린 궁 · 193
킬트 · 65

ㅌ

타코 · 130
태사혜 · 34
토르티야 · 119, 130
토토라 · 183
통시 · 165
통코난 · 190
툇마루 · 157
투막집 · 164
투아레그 족 · 53
트룰로 · 190
티피 · 180

ㅍ

파스타 · 128
파카 · 55
판초 · 55
팥죽 · 93
편전 · 152
평양냉면 · 112
폐백 · 97
포탈라 궁 · 193
퓨전 음식 · 110
프레첼 · 138
플라멩코 · 72
피데 · 127
피자 · 129

ㅎ

하회마을 · 169
한과 · 102
한복 · 18
해주비빔밥 · 112
햄버거 · 134
행랑채 · 149
헤자브 · 59
호건 · 36
호밀 빵 · 139
호박범벅 · 112
혼례상 · 96
홍화 · 26
화관 · 32
화쥐안 · 139
화채 · 101
환갑 · 97
활옷 · 38